外贸破局

拿回生意主导权

老麦 ◎ 著

中国·北京

图书在版编目（CIP）数据

外贸破局：拿回生意主导权 / 老麦著 . -- 北京：金城出版社有限公司，2025.8. -- ISBN 978-7-5155-2780-2

Ⅰ.F752

中国国家版本馆 CIP 数据核字第 2025MY5052 号

外贸破局：拿回生意主导权
WAIMAO POJU: NAHUI SHENGYI ZHUDAOQUAN

作　　者	老　麦
责任编辑	龙凤鸣
责任校对	李凯丽
责任印制	李仕杰
开　　本	710 毫米 ×1000 毫米　1/16
印　　张	16
字　　数	151 千字
版　　次	2025 年 8 月第 1 版
印　　次	2025 年 8 月第 1 次印刷
印　　刷	河北赛文印刷有限公司
书　　号	ISBN 978-7-5155-2780-2
定　　价	79.00 元

出版发行	金城出版社有限公司 北京市朝阳区利泽东二路 3 号　邮编：100102
发 行 部	（010）84254364
编 辑 部	（010）64391966
总 编 室	（010）64228516
网　　址	http://www.jccb.com.cn
电子邮箱	jinchengchuban@163.com
法律顾问	北京植德律师事务所 18911105819

推荐序一

方寸是江山

周月亮
中国传媒大学阳明书院院长
中国阳明心学高峰论坛组委会副主席

关税战开打，外贸面临大考验。每临大事当有静气，不能先乱了自家方寸。想要破局，就要先定方向。国际风云瞬息万变，我们不能五心不定输个干净。外贸业务、国际市场对我而言是一头雾水，作这个推荐，也只能说几句迂腐的呆话。

农业文明时代讲作用，工业文明时代讲价值，进入信息文明时代后，大家开始讲意义了，于是进入"体验经济"时代。体验是心与心的呼应，是心流与心流的印契。对于企业家来讲，如果发心不正，只会是见他起高楼，又见他楼塌了；如果缺乏心力，那当是还没行动，就先败下阵来了。"心无力者，谓之庸人"，没有心力，就没有自度的力量，别说破局了，任何"局"都是"坑"！

企业是企业家的作品，企业家是什么样的人，他经营的企业就是什么样的，这叫"方寸定江山"。方寸一旦乱了，企业就会溃不成军。所以，欲站稳脚跟，先定心量；欲辨风云，先明心镜；欲破外贸之局，先破心中我执、法执之局。

有句名言说：哲学家们只是用不同的方式解释世界，而问题在于改变世界。人类要想改变世界，必须具备强大的实践力量。在我看来，企业家不仅要从事商业活动，还要具备践行高贵思想的勇气和胆识，肩负起教育的使命，能够以商演道，通过商业的方式和自己的力量，改变时代风向、社会结构，乃至于整个文明生态。我认为，通过这种方式发现"意义"，找到商机，才是一个真正企业家的情怀底色，以及作为一个行动的思想家破局的逻辑底气。

企业的生命线就是人性的需求，真正的市场也是由人性的需求组成的。要做好企业，首先要能满足人性的需求，同时还要依靠自己的心力，担负起丰富人性、建设人性、改良人性的责任，这也是一个教育的过程。尤其是在寒冬的时候，你要能给更多人以温暖，能帮助和挽救更多的人、更多的企业。就像孔孟那样，通过自我教育、教育弟子做到薪火相传，为后世留下了"四书五经"这份顶层设计"图纸"，让后人可以照着这个"图纸"历经劫难继续建业。于后人而言，这叫文化的力量、文化的意义。

德慧在外贸行业打拼20年，期间曾经历大起大落，但始终保持初心，专注地在这个行业内深耕，取得了相当不错的成就。在他身上，我看到了一个企业家所具备的强大心力，同时也了解到他内心中的一些困惑，比如：在当下复杂的商业环境中，企业如何才能不断提升自己的势能？企业家是坚持商业运行的理性更重要，还是坚持自我的感性更重要？其实，找到比感性、理性更深一层的"第一性"更重要！

当得知德慧的新书《外贸破局》即将出版，我很高兴。在当下复杂的国际形势和多变的商业环境下，这本书可谓恰逢其时。他在其中分享的创业经历和管理经验，无疑能为中小型外贸企业的从业者提供一定的启迪和指引。更可贵的是，他在书中传递出的积极向上的精神力量，更让我感慨心力对于一个外贸人的重要性。我认为，这就是一个肩负着教育使命的企业家应该做的事情！

祝《外贸破局》点亮同道心灯！祝德慧双运的每个企业家都成为一道光，光光交互，人间有爱，用自我的力量生出新我来。

从认知破局到利润增长

史永翔

YTT 利润管理体系创建人
北京大学汇丰商学院访问教授

应老麦之邀，欣然为他的新书《外贸破局》作序。

众所周知，外贸当下形势分外复杂：美国的外贸"大棒"叠加动荡的国际形势，欧盟的步步紧逼，以及科技迅猛发展等种种因素，使得中国外贸运行的底层逻辑发生了改变，从此前的经济逻辑主导，转变为当下经济和政治的双重夹击。

然而换个角度看，挑战与机遇往往是一对"孪生兄弟"。当挑战出现时，机遇也悄然潜伏。在这风云变幻的外贸舞台上，每一位参与者都需要具备敏锐的洞察力和果敢的行动力，才能在危机中寻得转机，实现破局。

从本质上来说，外贸这片充满机遇与挑战的商业疆域，早已超越了单纯"卖产品"的范畴，它考验的不仅是企业的产品质量、服务效率，更是企业对于国际市场的敏锐洞察与灵活应变。在这样一个时代背景下，老麦所著的《外贸破局》无疑为众多中小型外贸企业经营者提供了一份宝贵的指南。

老麦在外贸行业深耕20多年，曾踩过风口，也跌过深坑；曾经历过销售破亿的辉煌，也吞咽过盲目扩张的苦果。这些经历，让他越发深刻地领悟到，外贸的真谛在于为客户"解决问题"，而非只是"推销产品"。当你帮客户打开了市场、赚到了钱，客户自然更加信赖你，更愿意与你建立长期的合作关系。这正是老麦在《外贸破局》中所强调的——以客户需求为导向，将外贸视为一种深度的合作与服务，而非简单的交易。

书中提出了很多实用的方法，比如：令人耳目一新的"打窝式"获客系统，和我创建的YTT[Yesterday（昨天）、Today（今天）、Tomorrow（明天）]利润管理体系不谋而合；通过2C路径赋能2B业务决策的数据驱动决策，等等。他还凭借深厚的实战经验，将这套获客策略精心打造成为一套可复制的标准化流程体系，不但能帮助中小型外贸企业摆脱经验主义束缚，还能为外贸行业的稳健前行注入新动力。

老麦深谙"预算是连通战略与经营的利器"，在书中专门用一章的内容剖析了外贸企业做好预算的重要性，强调了预算在资源配置、风险控制和利润管理中的关键作用。例如，通过数据报表定位经营短板，以贡献毛益分析淘汰低效产品，这些实践完美地诠释了"利润管控"如何成为企业穿越周期的压舱石。

我从事企业利润管理研究与实践30余载，深知企业经营的内核要义。翻阅《外贸破局》书稿时，内心满是欣慰与惊喜。不论是书中他讲述的个人创业经历，还是分享的经营策略，都无不彰显他将财务思维与外贸行业特性深度融合的非凡智慧。这也正如我所强调的"真正的学习绝非简单地复制工具，而是重构商业逻辑"，而老麦无疑是领悟并践行这一真谛的佼佼者。

《外贸破局》是一位实践者以20年的岁月沉淀，精心雕琢的"认知进化日记"。它有力地证明了：当企业家的思维成功从"机会主义"演变为"体系主义"，从依赖"感性决策"升级为"预算导航"，便可以在竞争激烈的外贸红海之中，开辟出一片独属的蓝海航道。

作为老麦的老师，我由衷地欣喜于他的成长与突破；作为本书的读者，我满怀期待这本书可以成为外贸人的利润罗盘。愿每一位翻阅此书的人，都能在书中找到属于自己的破局之道，开启外贸事业的崭新航程。

目录

前　言　外贸从来没有绝对的最优路径 / 001

第一章　做外贸，旧地图找不到新大陆 / 011

　　黄金时代走远，外贸还有机会吗 / 013
　　外贸人的痛点，你占了几个 / 017
　　打破认知局限，才有机会破局 / 025
　　外贸是一门长期主义的生意 / 033

第二章　构建"打窝式"获客系统 / 039

　　流量是布局出来的 / 041
　　什么是"打窝式"获客系统 / 046

洞察，是公域获客的基础 / 050

私域"建联"，打通客户兴趣点 / 056

三种策略，让客户复购率飙升 / 063

设计外贸与跨境的业务飞轮 / 069

第三章　需求定产品，三字决胜负 / 075

真正的需求，是被客户需要 / 077

"跟"：拆解行业标杆竞品 / 082

"测"：好产品是测出来的 / 088

"怼"：集中火力打造绝对优势 / 093

第四章　利用组织力，连接产品与客户 / 099

外贸经营六字诀：客户、产品与组织 / 101

OEM：起步阶段"听话照做" / 108

ODM：发展阶段"突破创新" / 113

OBM：自主阶段"品牌塑造" / 120

别在"组织建设"上过度用力 / 125

第五章　精益化管理，向流程要利润 / 131

搭建标准化流程体系，能解决 80% 的痛点　/ 133

PDCA 循环，发现有价值的失败　/ 139

利用协同工具，实现项目高效闭环　/ 147

"绩效致死"：打造科学的薪酬体系　/ 152

第六章　数据体检，打通财务和业务 / 157

外贸企业必不可少的数据仪表盘　/ 159

老板必看的三张报表　/ 162

管理报表：从数据中发现问题，解决问题　/ 169

数先立，事在前，人于后　/ 176

第七章　预算解码，从纸上数字到脚下地图 / 185

预算：将战略目标"地图化"/ 187

数据复盘，确立预算目标　/ 190

预算 = 假设 + 验证 + 改善　/ 196

三大维度，让预算目标有效落地 / 203

激励设定，既要"保证"也要"保障" / 210

知行合一，让预算主动闭环 / 219

第八章　心力与认知，淬炼穿越周期的力量 / 225

从借势到成势 / 227

凡事靠自己 / 229

简单不跟随 / 230

怎么虐，怎么来 / 232

善于学习与自我教育 / 234

后　记　让外贸企业拿回生意主导权 / 237

PREFACE

前言

外贸从来没有绝对的最优路径

在巴塞罗那兰布拉大道东南端，有一座足足 60 米高的纪念碑高高耸立，它就是著名的大航海家哥伦布的纪念碑。在西班牙国王的资助下，这位曾四度出海远航的意大利航海家，开启了人类历史上第一个大航海时代。

2025 年初，虽然中国的贸易顺差接近 1 万亿美元，创造了前所未有的纪录，但面临世界经济复苏乏力的挑战，中国企业在全球市场上仍然面对着惊涛骇浪。与此同时，随着外贸新业态和新技术的加速演进，全球产业链供应链正迎来重构，一个新的"大航海"时代已然来临。

当越来越多的外贸企业对"不出海就出局"形成共识并付诸行动时，对中小型外贸企业而言，新的发展范式也必须在其中求解：新的"大航海"时代到底意味着什么？我们的外贸生意该怎么做？

———

应该说，在今天的"大航海"时代，真正走出去的多是"航空母舰"或"大的舰队"，远远还没有达到"蚂蚁雄兵"的地步。或许当我们中小型外贸企业能够像40年前的日本商社一样，融入世界性的价值链当中时，才有可能真正称得上是"大航海"时代。但是，在那些大型外贸企业的出海经历和经验中，真正对中小型外贸企业有帮助的经验非常有限，也没有人告诉这些中小型外贸企业应该如何顺利出海。

过去40年，是外贸企业的红利时代。那时候外贸好做，不是因为我们选择了时代，而是时代选择了我们，只要顺势而为，红利就能落到我们头上。很多外贸企业看似与全球接轨了，其实并非因为这些企业的国际化，而是因为国外企业的"中国化"。它们被中国的超级工厂模式吸引进来，将采购业务放到了中国。只要这些中国企业产品好，酒香不怕巷子深，国外客户就会源源不断地找过来。

然而，时代已经逐渐改变，如果外贸企业仍然穿着旧鞋走老路，想通过简单的贸易方式销售产品，当时代潮水退去，你就会成为一个守株待兔的机会主义者，很快被边缘化。国内很多活在昨天的代工厂已经吃到了这样的苦头,一旦客户突然间停止下单,就发现此前的代工模式在一夜之间便失效了。在这种现实之下,中小型外贸企业不得不寻找新的出路,否则很难继续活下去。

可惜的是,很多外贸人看到同行做通了某条路后,认为不过是运气,或者认为也不会太好走。其实,从来没有哪条路是好走的,大家穿的"鞋子"(认知与能力)不同,感受和结果自然也不同。很多外贸企业、外贸老板在业绩下滑后,边抱怨环境问题,边继续走以前的路,这才是最大的问题。

坚持走老路,业绩可能会持续下滑;选择新路,没选对,也可能做不出什么业绩。

做外贸,走哪条路,如何走,都很重要。

———

我从2004年开始创业,最开始做外贸是因为走投无路。在香港大学读完MBA之后,我进入央企工作,工作轻松,待遇丰厚,但我总感觉那不是自己想要的生活。我一直认为:当不确定自己想要什么时,就先确定自己不想要什么。我那时非常确定,自己不适应央企内的工作氛围,于是选择了辞职。背负着20多万元的房贷压力,加上温州人"宁可睡地板,也要当老板"的心性,我决定逼自己一把,开始创业。

没想到,一干就是20多年。在这期间,我带领企业完整地穿越了两个周期，做过四个业态，即传统外贸、工厂实体、国内电商和跨境品牌出海。毫不夸张地讲，我就属于创造外贸模板的那批人，包括后来很多做外贸的朋友，基本都是复制了我曾经走过的路线。

20多年来，我一直沿着"贸工技"（市场销售＋自主生产＋技术研发）的发展路线前行。回顾自己走过的路，可谓跌宕起伏：踩中外贸风口，抓住电商红利期，扎扎实实地赚过钱，从0到销售额破亿，我做过两遍；也因为赚钱太快而心生膨胀，自己折腾着买厂房、办实体工厂，结果亏掉了大几百万……

可以说，做外贸的这些年，业内可能遇到的坑我都踩过，并且还都是深坑。在这些经历中，我也越发深刻地洞察到外贸的本质，它不是简单地卖产品，而是要去解决客户的问题。你能帮客户解决什么问题，决定了你能拿到什么样的结果。基于这样的认知，同时在摸透所有外贸业态的基础上，我探索出了一套真正能够做好外贸的流程体系和方法论。我们现在取得的成就，都离不开这套体系和方法论的赋能。

———

接下来我想简单说说这本书。

我很喜欢一句俗语："真传一句话，假传一本书。"30多岁的时候，我喜欢写博客，经常把自己的创业经历和感受写在博客里，后来又改写微信公众号。那时觉得，如果能把这些文章汇编成一本书，一定是件很酷的事情。但由于当时缺乏足够的行业积累，担心自己的书会像市面上大多数无用之书一样，被人瞥一眼便丢到一边，便暂时打消了出书的念头。

也许是宿命的安排。2013年微博兴起之时，我与阿里巴巴的一位朋友一起组建了中国当时最大的外贸社群——外贸基友团，并定期带领分享嘉宾在全国各地举办公益性的外贸线下交流会，帮助全国各地做外贸的朋友打开视野、拓展事业。正是这个社群，影响了一代外贸人。当年的不少外贸粉丝，如今都已是身家千万、营收过亿的外贸老板。多年后再度见到他们，我既惊讶于他们的成长，也很欣慰自己当年的付出。然而在与他们沟通的过程中，我发现他们中的很多人竟然又遇到了新的问题，甚至在一遍又一遍地踩着我过往踩过的坑，比如：

随着形势变化，感觉外贸已经没机会了，想转行；

花了很多钱，却仍然没有找到有效的拓客渠道；

自主开发能力差，找不到精准的目标客户；

产品议价能力低，只能拼命比价格；

不想再做代加工，想转型又不知道怎么转；

招来的新人留不住，老员工又没斗志，公司业绩越来越差；

预算目标做不准，形同虚设；

虽然赚了些钱，但是太累，对公司前景也缺乏信心；

想退休，却没有人接班；

……

以上这些坑我都踩过，而今我已经可以轻松越过。从2024年起，越来越多的外贸老板在线下找我，请我帮他们解决企业经营中的一些问题，一起寻找出海机会。这让我再次萌生了写一本书的愿望。我想将自己做外贸20多年的创业经验分享给大家，帮助更多的中小型外贸企业寻找出路，也帮助一些外贸老板提升自己的认知和能力，拓展自己的眼界和思维。从本质上说，一个人赚到的每一分钱，都是他认知与能力的变现，人很难赚到认知与能力之外的钱。很多时候，能够把事情做好的人，只是比别人多了一些思考和坚持罢了，但这些思考和坚持恰恰可以支撑我们持续提升认知与能力，进而成就更好的自己。

这就是我写这本书最朴素的初衷。

———

这本书凝聚了我20年来最核心的外贸实战经验，目的是想告诉更多的外贸人，如何理性地认知外贸，尽可能地避免在出海路上走弯路、踩大坑。

书中内容共分为八章。

第一章主要分析当前国际形势对外贸行业的影响，以及当下中小型外贸企业所面临的难点、痛点，这些问题的破局之道，等等。我相信这些是绝大多数中小型外贸企业都非常关注的问题。

第二章总结了外贸最核心的获客逻辑,并重点分享了我们通过实战打造出来的一套有益于中小型外贸企业精准获客的方法论,帮助中小型外贸企业解决获客难的问题。

第三章是教大家如何通过"跟""测""怼"的方式来确定产品的发展策略。很多外贸企业在推出产品时容易陷入"自嗨"模式,不考虑客户需求和市场需求,这是很难成功的。所以在本章,我会跟大家分享如何制定符合自己企业发展的产品策略。

第四章是阐明客户、产品与组织建设的关系。我认为,企业的内部是效率问题,外部才是生死问题。外贸老板应该把更多的精力放在客户、产品这些外部的生死问题上,企业能够正常生存、持续发展,组织上的问题自然就会迎刃而解。

第五章跟大家分享的是,外贸企业如何通过对标准流程的改造、极致化的生产,打造精益化的管理体系,提升企业的整体效率,解决企业的内部问题。

第六章主要分享了外贸企业如何通过数据报表来分析企业的经营情况,找出企业可能存在的问题,明确核心业务方向。很多外贸企业没有数据报表,即使有,老板也不会看,这是很要命的!数据报表就像你开车时前面的仪表盘一样,有了它、会看它,你才能知道自己该怎么驾驶、驶向何方。

第七章分享了外贸企业如何做预算，以及预算如何有效落地的问题。预算不仅仅是纸上的数字，更应该成为企业稳步前行的地图，带领企业一步步走向战略目标。但绝大多数中小型外贸企业都不会做预算，或者做出来的预算与实际偏差太大，相当于无效预算。预算到底怎么做才有效呢？可以看看我在文中的分析和建议。

最后一章分享了我创业20多年的心路历程。一项事业或一门生意要持续发展，必然会遇到各种各样的挑战，在这个过程中，就需要创始人不断修炼心力。有了心力支撑，我们才能激发出战略上的远见卓识，同时在战术运用上保持谨慎，追求极致的精细，并将看似矛盾的两个方面融合起来，带领企业走得更远。

以上这些思维和方法，都是我们一步一步亲自"打出来"的，虽然不一定适合所有企业，但若能帮助一部分外贸人少走冤枉路，少花冤枉钱，找到更精准的出海之路，减少不必要的创业损耗，我感觉这本书写得就很值了。

———

罗曼·罗兰讲过："人们常觉得准备的阶段是在浪费时间，只有当真正机会来临，而自己没有能力把握的时候，才能觉悟自己平时没有准备才是浪费了时间。"

没错，机会和成功从来都只留给有准备的人。外贸之路没有绝对的最优路径，我们正在经历全球经济浪潮与个人事业成长的双重动荡，在这种复杂多变、经济形势下行的大背景下，众多外贸老板和创业者普遍经历着业务模式与价值重塑的阵痛。但是，这种阵痛或许正是孕育你未来最独特业务发展模式的最佳时期，所以你不必急于崛起，而是先找到正确的方向，蛰伏蓄力，做好准备，迎接机会的到来。

凌晨的港口，见过无数外贸人的奔波，但贸易的海洋永远向前。让我们一起带着开拓者的韧性慢慢前行，外贸路上的每一步，都将为我们重新定义事业的意义。

第一章
做外贸，
旧地图找不到新大陆

外贸，这个被誉为"全球化经济风口"的领域，曾令无数人向往。而今，受国际局势变化、贸易壁垒增加、汇率波动等诸多因素影响，外贸在很多人眼中已不再是当初那个"赚钱的门"，而是成了"卷不动的坑"。

表面看，外贸行业的竞争越来越激烈，但深层次的原因，是很多外贸人仍然在沿用20年前的思维和方法做外贸。时代在改变，世事在变通，拿着旧地图已经找不到新大陆。只有打破固有思维，走出舒适区，我们才能跟上时代的蓝海，探索出做外贸的新路径。

黄金时代走远，外贸还有机会吗

每一年，关于中国外贸"订单蒸发"的话题都此起彼伏。话题的核心点无非就是物流成本增加，海运、空运价格涨得离谱；原材料疯涨，成本压不下来；美元汇率像过山车，一不小心利润就被吞掉；各国贸易政策不稳定，不确定性增加……尤其是以美国市场为主的外贸企业，更是迎来了"天塌地陷"的感觉。

2025年开年以来，美国新一届总统特朗普就任，一次又一次对中国出口美国的商品加征关税。虽然美国对华商品加税已经不是第一次，但如此频繁、高税点地加税还是首次。欧美市场一直是外贸行业的主要集中地，美国巨额关税的增加，势必会导致外贸企业订单流失、利润降低。

更糟糕的是，美国的金融政策还间接影响着全球外贸动态。随着美国贷款利率的升高，借贷成本增加，这就会导致全球范围内的消费和投资减少，从而影响对进口商品的需求。而且，利率升高还可能吸引外部的美元回流到美国，继而对其他国家的经济产生冲击，特别是那些依赖外部融资和资本的国家，也会对进口商品降低需求。

同时，从当前复杂的国际局势来看，全球贸易保护主义和贸易摩擦仍然存在，并且短期内不会出现根本缓解。欧盟认为我国的一部分出口优势产品存在政府补贴现象，要对此展开调查。

基于上述外部环境影响，身处外贸行业的老板们纷纷表示：外贸的黄金时代已经逐渐远去，再想像以前那样，通过做外贸生意实现"暴富"已经不可能了。市场已然发生变化，自己好像却还没跟上。

与20年前相比，今天要做好外贸的难度确实增大了。但20年前做外贸能赚到钱，是因为当时全球经济正处于增长期，特别是欧美等发达经济体需求旺盛，为中国商品提供了广阔的市场。2001年中国加入WTO（World Trade Organization，世界贸易组织）之后，又享受了WTO框架下确定的多边贸易协定和关税减免等优惠政策，这也为我们的商品进入国际市场提供了便利。加上当时中国的劳动力成本相对较低，也令中国商品在国际市场上具有一定的价格优势，从而吸引了大量外国买家。虽然当时中国的外贸产业仍然以劳动密集型为主，但也在逐步向技术密集型产业升级，比如机电产品、高新技术产品等出口比重增加。这些产品都具有较高的附加值和市场竞争力，让身处其中的一批外贸企业享受到了较大的红利。

外贸就像一条大河，每一个外贸企业就是其中的一艘小船，过去的大部分外贸企业能快速发展，包括我们自己，是因为这条河足够宽阔、河上吹的风也是顺风。处于这种顺风顺水的环境之中，就算我们的船没有太大动力，甚至没有船桨，水流风向的作用便足以推动我们的船快速前进。

然而，顺风顺水的环境不可能永远持续。如今，国际形势复杂，充满不确定性；国内电商崛起，竞争加剧，越来越多的企业想要走出去，寻找生存机会。这些因素都导致全球市场正在重新洗牌，买方市场逐渐占据主导，同时全球供应链格局也在发生变动，过去的贸易流向正在改变；AI、数字化、品牌出海等新型模式崛起，企业的经营逻辑正在被重塑……这一系列的变局，不是每一个外贸企业都能扛过去的。

在这种情势下，最危险的不是危机，而是对危机无法解除的担忧和困惑。很多外贸企业曾经认为足以带来持续发展的"核心竞争力"，如今已变得越来越无力，但大家还没想过要寻找船桨，快速提升自身能力，学会自己划桨，在这样的波涛汹涌中重新杀出一条路来，困境就这样出现了。

面对困境，行业中的每个人都在试图寻找突破口，或者说在寻找另外"一条河"——一条能够像以前那样顺风顺水的河，可以继续不费力气地赚钱。这条"河"也许就是什么所谓的风口。

然而面对风口，大多数人的反应都是比较慢的，等你认为自己抓住了风口，一头扎进去才知道，里面很可能是浪头更大的旋涡。

外贸真的没有更好的机会了吗？

虽然以上这些困境不是单个外贸企业的困境，是整个行业的困境，但只要还有企业在这个行业中发展，就说明其中还有机会。只不过这个机会不再像以前那样会主动到来，而是需要我们自己去规划、去布局，在对全球市场趋势有清晰认知的基础上，找到自己的破局战略。那些能够在逆势中生存下来的企业，也都有一个共同点，就是能比别人更早地看到未来，提前为企业布局发展方向。只有这样，我们才有可能为企业创造出更多的发展机会。

外贸人的痛点，你占了几个

在大多数外贸老板的潜意识里，外贸现在不好做，基本是外部大环境导致的。这种认知就像是刻在骨子里的固式思维，或者说是一种简单直接的归因模式。在这种认知模式下，只要业务不好做，业绩不达标，就认定是大环境导致的，自己无能为力。

外部大环境的确对外贸行业造成了一定影响，但还有另一个更重要的影响因素，就是企业自身的应对能力。如果外贸老板只把目光盯在外面，从外面找原因，而没有试着从自身出发，洞察企业发展中的痛点，寻找破解方法，就算你很努力地"做"外贸，也很难真正"做好"外贸。

那么，困扰大部分外贸企业发展的痛点都有哪些呢？

第一，整体订单减少，大订单逐渐消失。

前段时间跟几个外贸圈的朋友聚会，其间聊起了企业的经营状况，大家都不约而同地表示，在过去两三年里，公司整体订单减少了，以前工厂生产时两班倒都供不上出货速度，现在一班都用不了，一天 8 小时的班能开足就非常不错了。

更糟糕的是，以前大额订单不断，现在大额订单却越来越少，取而代之的是一些零散的小订单，而且客户还特别挑剔，比如要有多少个款式的产品、产品质量要达到什么水平、要如何保证售后服务等，但价格却提不上去。有些客户还要求赊账，甚至违约弃单，连定金都不要了。

订单减少，势必影响企业的营收，一些企业为了获得更多订单，不得不与同行展开价格战，以期维持企业的日常开销。然而，这种应对措施又会导致企业利润空间越来越小。降价找死，不降价等死，外贸工厂的老板们对这样的尴尬处境深有体会。

外贸订单之所以整体减少，一方面肯定是因为受全球经济形势的影响，如全球经济周期的波动、地缘政治局势紧张等；另一方面，国内很多新入行者也会对原有的外贸企业造成冲击，他们想快速打出去，就会通过打价格战的方式来争夺市场份额，但最终的结果往往是两败俱伤，谁也占不到便宜。

第二，获客越来越难，成本越来越高。

早期做外贸时，获客并不是什么难事，行业杂志投放、展会拓展，或是加入一些外贸圈子的协会，基本就能轻松拿到订单，甚至可以覆盖工厂一两年的产能需求。在增量时代，供小于求，只要你有工厂，海外客户就会主动找上门，把订单送到你面前。

但到了今天供大于求的存量时代，你再想靠以前的做法赢得订单已经完全不可能了，甚至产品好、价格低都不见得能顺利拿到订单，因为好产品、低价产品到处都是，很多产品都可以快速实现从想法到落地，真真切切地出现在市场上，完全不给你留机会。

还有一些外贸企业找不到有效的获客途径，只能跑出去参加各种展会，或者在平台上疯狂砸钱，每年都要砸上几十万、上百万元，即使效果不理想，也要继续参展、继续砸钱，因为没有更好的获客途径，只能把希望寄托在一两个渠道上。

疯狂跑展会、疯狂买流量，这都是以前做外贸的"老套路"了。随着外贸环境的不断变化，企业的获客能力也应该逐渐走向多元化，跟上时代的变化，否则只会被淘汰。所以我们不难发现，很多以前做得不错的外贸企业、工厂，现在都很难接到订单了，因为除了展会、平台等渠道，他们找不到更好的获客渠道。而一些大家熟知的平台，如阿里巴巴国际站、脸书（Facebook）、领英（LinkedIn）、抖音国际版（TikTok）等，也基本达到了竞争饱和。想通过常规路径从这些渠道获客，难度在不断增大。

还有一些外贸企业，虽然通过各种渠道获取了一定的客户信息，但缺乏系统的数据管理和客户跟进流程，导致很多潜在客户流失。前期千辛万苦发掘的客户，最后真正留住的没有几个，只能勉强守着原来的老客户艰难度日。

获客成本越来越高，势必会导致企业利润下降，经营出现问题。

第三，产品能力差，同质化严重。

以前大家做外贸，只要看到有人卖某个品类的产品赚钱，自己马上跟上去，基本也能赚到钱。但现在这套做法已经行不通了，产品同质化严重，特别是一些传统的品类，短时间内没有创新，也没有信息差，只能通过降价苦苦挣扎，就算之前有一定规模的大工厂，业绩下滑也非常严重。

我一直建议外贸老板一定要当"行商"，要敢于走出去，亲自到国外去看一看市场，看一看客户到底需要什么样的产品，然后根据市场和客户的需求去生产或创新产品。而不是当"坐商"，每天坐在办公室里等客户上门。这样虽然可能也会等来几个客户，但你很难确定清晰的产品定位，拥有打造核心产品的能力，因为只能被动地满足客户需求，自己永远没有主动权。

第四，人才短缺，团队不给力。

不少外贸企业几乎常年招人，真的是因为他们需要这么多人吗？并不是，事实是他们招不到好的外贸人才。

一般来说，企业出海需要既懂业务又具备语言能力和跨文化沟通能力的人才，但这样的复合型人才在市场上十分稀缺。不少外贸企业的员工只会在网上接单，你让他们去主动开发客户、与客户直接沟通，他们很难胜任。有些企业会通过BD（Business

Development，商务拓展或业务拓展）的方式开发客户，我们自己的企业此前就尝试过，哪怕我们的老员工业务能力很强，实际的成功概率也很低，而且需要较长时间才能看到效果。

有的外贸老板会花重金聘请有过大厂经验的"空降兵"来帮自己带团队，"空降兵"可能有比较丰富的经验，但同样需要一定的时间来适应企业的管理模式和工作流程。何况一些中小型外贸企业还缺乏系统的流程，就算"空降兵"想快点出成绩，证明自己的价值，也是"巧妇难为无米之炊"。

团队不"给力"，老板会非常头疼，但也不要怪员工，作为管理者，老板要做到"行有不得，反求诸己"。企业出现问题，归根结底还是老板的问题。

第五，市场布局不足，供应链能力弱。

2025年4月，美国政府宣布对中国商品累计加征145%的关税。这一政策对外贸企业，尤其是国内那些依赖北美市场的跨境电商和低利润产品出口商造成了很大的冲击。为了应对关税压力，外贸企业必须快速通过多元化的市场布局和供应链调整来降低风险。

然而，大部分的中小型外贸企业面对美国的关税政策都无能为力，原因就是没有提前做好全球市场布局，只在一两个国家有业务，或者只有国内的供应链，一旦政策有变动，就可能给企业带来致命风险。

外贸企业想做好、做大，必须学会把鸡蛋放在不同的篮子里，根据自己的能力，在全球范围内进行多元化的市场布局。比如，我们自己的企业既在美国、欧洲等地的市场有完整的布局，也会积极布局日本、澳大利亚的市场，同时还在多个市场经营多个品类，这样就算某个国家的贸易政策有变动，也不至于影响全局。

多元化的供应链布局也很重要，除了国内供应链外，外贸企业还应该积极打造海外供应链。比如跟当地企业合资建厂，以便降低物流成本并满足原产地规则。同时还要强化本土化运营，雇用本地员工，这样一方面可以解决企业人才短缺的问题，另一方面也可以更好地应对相关政策的变化与文化差异，通过本土化产品宣传来提升客户信任度，从而提升产品的竞争力和盈利能力。

第六，效率低下，协同费时费力。

绝大多数中小型外贸企业的老板都属于草根创业一族，早期几个人组建一个小团队，每个人负责一摊儿，干好了就能赚到钱。但随着企业的逐渐壮大，员工人数、业务类型、产品品类、客户数量等都会不断增多，管理也变得复杂起来。这时再沿用以前那种"游击队"作战模式就会行不通，因为此时的企业已经变成了"集团军"，必须找到更高效的作战模式才行。

有些外贸老板会学阿里、学华为，照搬大企业的管理模式，在自己的企业内搞组织建设、搞企业文化，试图通过同样的方式增强团队凝聚力和战斗力，提升整体效率。我以前也是这个思路，但试验后发现效果很不理想。

如果想向大企业学习，我认为我们不应该学他们的管理模式，而应该学习他们标准化的流程体系。有了这样的流程体系，每个员工的操作方式就都是标准化的，而不是凭着自己的经验去操作。

很多外贸老板一说到做产品、做交付，服务好客户，都会非常认真。一说到搭建流程体系，就没那么认真了。这种认知局限一定要打破。企业在发展初期，相当于游击队在土路上跑，没有流程也没关系，能跑起来就行；但随着团队的扩大，你就要把游击队变成正规军。正规军跑在高速公路上效率才会更高，虽然路网越来越密，但规则始终是简单的、标准的，即使半途中跑上另一条高速公路，也不需要重新学习，只要掌握了基本规则，就能灵活地使用整个路网，从而提升整体效率。这就是标准化流程的重要性，也是外贸老板必须重点关注的一个问题。

以上是绝大多数外贸人在经营过程中会遭遇到的痛点，这些痛点严重阻碍了企业的成长与发展，不找到破解之道，企业很难在局势复杂、竞争激烈的海外市场获得生存机会。想成功破局，我们首先要提升自己的认知。有句话说得好：努力决定下限，认知决定上限。当你发现外贸越来越难做、钱越来越难赚时，应该思考一下，曾经的赚钱模式是不是已经不适用了，某些环节是不是要升级了。如果继续墨守成规，就会与今天的市场规则格格不入,甚至会被市场所抛弃。

我相信一句话:"遇墙皆是门。"做外贸遇到的任何一个痛点,都可能是一堵墙,但也可能是一扇门,"墙"与"门"往往就在一念之间。如果你认为它是一堵墙,即它就是墙,那么你就没有了出路;但如果你勇敢地打破了这堵"墙",那它就会成为一扇门——一扇通往更广阔空间的大门。

打破认知局限，才有机会破局

真正有认知的外贸老板，一定是通过信息差和需求差来赚钱的：信息差来自你的见识，发现"我有的，而你没有"；需求差来自你的行动，用"我多余的"来交换"你需要的"。

我们以前在义乌市场卖墙贴产品，卷得不得了，一米墙贴可能只能卖1元钱。后来我们到美国商超去卖，结果发现，一米墙贴竟然可以卖到1美元，并且客户还非常喜欢，一柜一柜地下单，而不是跟你几分钱、几毛钱地砍价，你也不用一分一厘地算成本。这就是在对的地方，把对的产品卖给对的人。如果外贸老板仍然沿用传统的方法，或者用做内贸的方法，不停地打价格战，那你眼里永远只有那一亩三分地，看不到更远处更大的一片世界。

老板之所以能成为老板，肯定有自己的过人之处，但老板的认知也是企业发展的天花板。以前大家都是白手起家，要么靠技术，要么靠销售，只要能吃苦耐劳、能干实事、有较强的执行力，基本都能赚到钱。但今天的市场环境已经发生巨变，老板再不提升认知，不愿意打破固有思维，企业未来就没有活路。

那么，中小型外贸企业的老板应该怎样打破固有的认知局限呢？

第一，不卷价格，卷价值。

许多外贸老板认为，客户在选择供应商时，一定会选择价格最低的供应商，或者一定会找工厂直接合作，只要自己的报价比竞争对手低，就能吸引客户前来。其实不是这样的。很多时候，客户更看重的是你能不能为他创造更多的价值，而不仅仅是报价够不够低。

举个例子，作为外贸企业，你不但能为客户提供产品，还能根据客户需求设计独特的包装，或者提供一站式服务，帮助客户解决复杂的物流和清关问题，甚至能帮助他们在亚马逊（Amazon）上"打"爆款。这时，就算你的报价比竞争对手高出30%，客户也依然会选择你。

所以，尽管竞争激烈，我们也不要去跟同行卷价格，这种行为本身就是一种跪舔式、有害无利的熵化模式。你的报价再低，也会有比你更低的报价出现，你也会有在竞争中落败的时候。我们真正要思考的，应该是跟那些一流的外贸企业学习如何变得更专业、更高效、更有附加值，打造起自己的竞争优势，让客户愿意支付溢价与我们合作。

第二,不做大而全,关注小而美。

全球供应链的重构,客户决策周期的延长,以及价格透明度的不断提高,使得众多传统的外贸企业无一不面临着巨大的挑战。尤其是那些曾经做"大而全"、做"杂货"模式的外贸企业,更是感觉生存空间不断被压缩,因为客户越来越关注产品的创新性与专业性。如果你仍然像以前那样跟客户说,自己什么产品都能做,客户反而觉得你做不好,也不会把订单给你。

在小林制药第四代社长小林一雅所著的《小池大鱼》一书中,小林制药的战略思维或许能给我们提供一种新的破局思路:不做"大池塘"的追随者,而做"小池塘"的创造者。简单来说,就是避开竞争者云集的大市场,转而去选择那些大企业不愿做,或者需求未被满足的细分领域或细分场景,全力成为该领域内的绝对领先者,在"小市场里做出大生意"。

2007年,我们跟随法国家居展的趋势,开发推出了墙贴系列产品,简称局部自粘墙纸,是一种用于家居创意的贴纸类DIY(Do it yourself,自己动手安装使用的墙贴产品)装饰物。当时国内还没有人做这种家居类墙贴,市面上也只有一些小孩子玩的文具类或玩具类小贴纸,大家都在做那种包装方式老旧的传统墙纸。我们就集中在这个极其细分的领域内,自主设计、开发印刷版,将产品以平板、片状的方式展示出来,快速推销给美国、欧洲的家居建材连锁店,仅仅一年时间就占据了行业的领先位置。后来更是因为产品新颖、设计新潮、单价低,快速地销往全球。

有的外贸老板可能觉得,大多数海外客户的供应链都是相对稳定的,自己再去开发这些客户成功率很低。倒不如看市场上哪个品类相对好做,自己跟进一下,也能赚点儿小钱。

我的观点是,没有自己的核心产品,你永远都不能持久地赚钱。在一个相对稳定的局面中,流动空间小,上升渠道窄,客户与供应商之间的合作的确会相对稳固,彼此也有较好的信任度,其他人不容易挖墙脚。但是,如果外部经济环境发生变化,原本稳定的合作关系就可能会出现裂痕。比如,一旦出口关税增加,国内产品的出口成本就会增加,国内供应商要保持一定的利润,就要相应地调高产品的价格,或者令交货期变得不稳定,这就导致客户方原有的供应链变得不再稳固。客户方感受到危机后,会主动向外求,重新物色供应商,对比不同供应商之间的产品价格,作为自己的"备胎"。

明白这个道理后,我们要做的就是专注于自己的领域,在一个细分领域或细分场景中扎根下去,耐心打磨自己的产品。一旦发现机会,立刻全力出击,为客户提供最好的产品和服务,为自己的企业开拓更大的市场空间、创造更大的价值。

第三,不困于个人,打造组织结构体系。

我有一位朋友,是从事眼镜行业的。她通过 8 年多的不懈努力,成功地将一个起初仅有三四个人的美国小电商客户培养成行业头部客户。该客户占据了她公司 60% 的销售份额，年销售额高达 1000 多万美元。但随着客户的快速成长，她的企业发展速度却逐渐跟不上了，开始面临一系列严峻的问题，比如：团队培养困难，难以满足客户日益增长的需求；海外建厂成为客户的硬性要求，对她而言却是一个巨大挑战；尽管公司在盈利方面表现良好，但她个人在业务管理中扮演了过于核心的角色，每个部门都高度依赖她。

这种情况绝非个例，很多外贸企业在发展过程中都会遇到类似问题。对于规模达到一定程度（如营收在 1 亿元左右），且拥有优质客户资源的外贸企业来说，老板必须及时转变角色，从最初依靠个人的强销售模式，逐步向依靠流程的管理模式转变，建立标准化的流程管理体系和完善的培训机制，提升团队整体素质，确保团队能够跟得上客户的发展步伐；进而再向智能模式升级，采用合伙人模式，与工厂等合作伙伴紧密协作，合理分配资源，共同推动业务发展。只有这样，企业才能不困于个人，避免因老板个人的局限而制约企业的进一步发展，企业也才有可能成为"放之四海而皆准"的经营体。

我们的公司从 2018 年开始打造流程体系。2019 年，公司重组，由我担任董事长，之前我担任的总经理职务便由我的合伙人担任。在 2019 年到 2021 年的两年多时间里，公司的经营逐渐出现问题，核心老业务员离职，公司业务全部由新人接手。但是，当我 2021 年重新接手公司时，发现这两年公司外贸板块的业绩非但没有下滑，反而还有增长。这是我没有预料到的。

后来，我们专门开会做复盘，在老业务员缺失的情况下，为什么我们的外贸业务还能实现增长？最终得出的结论是：我们拥有稳定的业务流程，也有对外贸易操作手册。新人入职后，只需要按照之前的流程维护客户、执行订单，就可以保持业务的稳步发展。这也让我很惊讶地看到了流程的力量，原来正确的流程可以成为企业业务持续发展的有力保证。

当然，流程体系也会经常走样，需要我们定期复盘保证流程体系的合理性，确保流程体系能够推动企业正常、稳定地发展。

第四，不用"中国式"思维做外贸。

很多外贸老板习惯把"中国式"的思维强加到外贸生意里面，认为自己在中国这样做生意，跟老外也要这样做生意，结果反而弄巧成拙。

举个例子，在跟老外谈产品价格时，你有没有说过"我们真的不赚钱""这个订单我们是亏着做的"等一类话语？我要提醒你的是，千万不要在老外面前喋喋不休地说这些话，试图将其当成谈判的筹码。因为除了引起老外反感之外，这些话毫无意义。

在中国人的思维里，做生意双方讨价还价是非常正常的，强调自己"不赚钱""吃亏了"也是想让客户知道，自己是看在对方的面子或双方的交情上才接单的，想让客户感动一下。但在老外面前，你的这些话只会让他们感到莫名其妙：做生意就是讲你情我愿，大家一起赚钱，没有钱赚的生意你为什么要做？你可以不做啊！

这个案例就是想提醒做外贸的朋友，不要用中国式的思维去衡量老外的思维。老外一般都非常直接，价格谈判多数时候也都是真刀真枪，比较遵守商业谈判规则：价格还能不能谈？能谈我们谈一下。能达成共识，我们就合作；达不成共识也没关系，以后有其他机会再合作。

做生意也好，维护客情关系也罢，并不是在一个国家做成之后，就能想当然地复制到另一个国家。做外贸一定要善于开放心态，根据不同国家、不同市场的特点与营商环境，去推进具体落地的策略，以及学会与当地的客户、机构、服务商等建立合作关系。

还有一些外贸老板认为自己外语说不好，不敢走到国外去看现场、会客户、找渠道。如果你现在还认为语言是外贸生意中的障碍，那就太落伍了。

2024年12月，一个名为"刀乐哥"的博主迅速走红，仅仅靠着"one dollar""two dollar""thank you""beautiful""colour"几个简单的词汇，向老外推销"爆眼龙"捏捏玩具，硬是把国产特色的"两元店"搬到了纽约时代广场。

语言只是一个工具，并不是做好外贸的先决条件，关键还是看你有没有勇气去面对客户、与客户沟通。在多数情况下，我们跟客户沟通时完全可以通过关键单词、肢体语言等来完成，这就够了。

诚然，要改变自己的固有认知是一件很困难的事，可能还需要很长的时间，但如果你不改变，一直死守着现有的认知，即使短期内尚能维持企业的运营，以后也会越走越难，不能持续地赚到利润。大环境固然不乐观，但需求永远存在。想从其中切一块蛋糕，就要不断更新自己的认知，打破随时可能出现的困局，跟上行业发展的脚步。

外贸是一门长期主义的生意

很多人认为,外贸就是拼资源、拼智商、拼情商、拼价格……我不这么认为。在外贸领域,只要你的客户稳定,就代表你的业务稳定,你就能赚到钱。但这里有一个关键点,就是你不能只追求短期利润,比如通过低价竞争、降低质量、过度承诺等方式赚快钱,这样注定长远不了。真正能够穿越周期的外贸企业,靠的都是长期主义的纯粹,即沉下心来打磨产品、拓展渠道、提升品质、维护客户以及合规经营。

有一对夫妻,经营了一家做眼镜包装材料的外贸公司。两个人以前都在温州的工厂里打工,后来攒了钱,自己开了一个小作坊,主要生产眼镜包装盒。创业 20 多年来,夫妻俩兢兢业业,硬是把一个小作坊经营成了样板工厂,丈夫主要负责产品的设计制造,妻子就负责外贸销售,现在他们已经把自己的眼镜包装产品打造成了美国、欧洲等市场的头部品牌,成为行业前三的中国供应商。

有的外贸老板可能会说：长期主义说起来容易，做起来却很难。一方面是受整体大环境影响，订单减少，利润降低，今天能赚到钱就不错了，哪还敢想明天、想未来？另一方面，外贸老板也会面临很多诱惑，一旦缺乏足够的定力，就可能被一些短期利益所诱惑。

我们圈子里有一个做西餐餐具的外贸老板，此前生意好的时候，一年能完成上亿元的销售额。餐具属于大众必需品，只要按照这个势头稳步发展，建立品牌、拓展市场，企业前景一片向好。可是，老板却听信"朋友"蛊惑，跑去学投资，一连投了好几个项目，最后一个项目也没赚到钱，还把主业荒废了，从上亿元的营收暴跌到了几千万元。

在外贸行业，很多老板都输在了意志力上。而做外贸能赚大钱的人，几乎个个都是长期主义者，提前10年规划都是正常的。如果你不把外贸当成长期事业去投入、去精进，就很难打造自己的竞争力，也赚不到大钱。这种现象的底层逻辑，就是通过向客户出售价值获得回报。只有在行业内沉淀多年，积累大量的市场经验，能够精准地洞察市场趋势和客户需求，才能做出畅销和长销的爆品，让客户通过销售你的产品赚到钱，这时你才会赚得更多。如果你能提供品牌价值，那还会有品牌的溢价利润。所以，做好长期主义规划是外贸企业积累价值的关键路径，也是赚大钱的关键路径。

那么，怎样才算做好长期主义规划呢？

在我看来，外贸企业再想单一地通过做展会、做跨境电商来布局已经过气了。我们必须运用"新外贸"的方式来进行布局，本质上是让客户主动找上门，然后由我们选择客户，而不是被客户选择。只有这样，我们才有可能拿到生意的主导权，继而持续赚钱、穿越周期。

外贸企业的发展通常会经历三个重要阶段，分别为拥有海外业务、拥有海外员工和拥有海外供应链。

中国改革开放以来，特别是加入WTO之后，所有中国企业都有机会将自己的产品卖到国外，这就相当于拥有了海外客户和海外业务。然而，外贸的终极目标一定是本土化生意，这也是任何国际化业务的一项不可或缺的战略。但就算是那些身经百战的国际电商巨头，也常常犯下本土化不足的战略错误，比如亚马逊虽然已经在中国运营多年，业绩却一直不温不火，不管是网页设计，还是中国式价格战营销，都显示出亚马逊在本土化方面的不足。

这就提醒我们，外贸企业要真正走出去，必须像做内贸生意一样做外贸，从产品定位、团队打造、营销渠道、物流模式，以及财务与支付体系等方面，全面推行本土化。尤其是在产品方面，一定要做到"产地销，销地产"，把销售放在客户边上，把采购放在工厂边上，随时随地满足客户需求。同时还要学会合理地利用国外的政策优势，帮助企业快速适应外贸环境，将内贸操作模式成功转化为外贸操作模式，从而在国际市场上站稳脚跟，找到自己的位置。现在很多华人在美国开设工厂，赚得盆满钵满，就是遵循了这个原则。

在这个过程中，最难的就是建立海外供应链。与当地企业相比，中国企业从国内发货到国外，在商品配送的时效性、可追踪性等方面，都要远远落后于本土企业。要解决这个问题，一个重要途径就是拥有海外仓。有了海外仓，你在收到客户订单后，直接就能安排当地的海外仓发货，并通过当地物流完成配送，让分销商或终端客户能够享受到与本土企业一样的物流服务。当然，很多外贸企业可能不具备在海外建立工厂的实力，但一定要具备对海外市场的控制能力，可以随时将货物派送到分销商或终端客户手里，同时还要提供退换货、维修、使用说明指导等方面的售后服务，这样才能与客户建立持久的合作关系。

不管是拥有海外业务、海外员工，还是建立海外供应链，都不是短期内能完成的，只想赚快钱的人也做不好外贸。我的一位做外贸多年的老朋友就曾说，做外贸是"商业事，农业心"，虽然它是一种商业行为，却需要外贸老板"像农民一样思考"，有足够的耐心打磨产品、经营客户，保持持续耕耘和长期投入的心态，这与农业种植有着很大的相似之处。

一个企业能走多远，取决于带领企业的人所具备的认知有多高、眼光有多远、心力有多强。长期主义固然艰难，但做外贸从来都不应该只走最容易的那条路，而应该走最正确的那条路。这条路起初可能很难，但只要我们找准方向、找对策略，然后多一些耐心、多坚持一下，熬过了临界值，一切就会变得越来越顺利。

所以，在接下来的几章里，我将分别从外部与内部两个层面入手，与中小型外贸企业老板分享一下自己做外贸企业的一些经验和教训。从外部层面来说，我认为外贸老板应该从更高的维度为企业进行流量布局、渠道拓展、产品研发、营销模式打造等，帮助企业解决真正的"生死问题"；从内部层面来说，我建议外贸老板重视流程建设，优化内部工作流程，同时学会运用真实的数据为企业做决策、做预算，帮助企业提升内部效率。

再用旧地图已经找不到新大陆，但我们更新了地图后，新大陆也许就会变得清晰可见。

第二章
构建"打窝式"获客系统

传统的外贸市场，做的是"等客来"；今天的外贸市场，做的是"找客去"。然而，不管是在线上各种B2B平台，还是在线下的行业展会，想在海量的信息中筛选出目标客户，都如同大海捞针，需要付出巨大的努力。关键在于，你最后还不一定能成功找到那根"金针"。

怎样打破这个困局？

不论是线上平台还是线下展会，这些获客渠道都没有问题，你完全可以充分利用。正所谓开源才能引流，源头不开，潜客自然进不来。最重要的是：你不但要找到获客渠道，还要找到真正有效的获客方法。方法对了，一切就都对了。

流量是布局出来的

在互联网还没有席卷全球之前，外贸行业靠展会作为主要的营销和获客渠道，采购商和供应商通过展会进行面对面交流，直接展示产品，达成交易。我们熟悉的广交会、义博会以及各种海外展会等，都曾经是外贸行业的主要交流平台。

展会营销和获客在早期之所以受到追捧，是因为它解决了当时信息严重不对称的问题。随着互联网的发展，信息不对称的格局逐渐被打破，展会的效果日益弱化，外贸出口也不再局限于线下的展会。各类 B2B 平台兴起，流量阵地也逐渐从线下转移至线上。尤其是在流量红利期，谁抓住了流量，谁就可以获得更高的曝光度、更多的潜在客户，以及更多的订单和更高的利润。相反，没有流量，就算你有再好的产品、再"给力"的营销，也很难转化为实际的收益。

然而，当整个互联网发展到移动端的时候，流量规模基本已达到了饱和，而且越来越泛滥和碎片化。新媒体、短视频、直播等各类网络平台纷纷出现，国内的如抖音、微信、小红书，国外的如脸书、领英、抖音国际版、照片墙（Instagram）、推特（Twitter，现更名 X）、优兔（YouTube）等，每个平台都会分走一部分流量。这些网络平台的出现和飞速发展，使得人与人之间所有的沟通方式变得碎片化，人们很难再进行长时间的深度交流。所有的外贸企业、出海企业，甚至包括国外的很多企业，也很难再像以前一样，从单一平台、单一渠道获得精准的流量和客户。

打个比方，以前一个人想获得好的发展，可能只需要在单科上拔尖就行了。就像我们常说的"学好数理化，走遍天下都不怕"，你只要数理化学得好，无论在哪个行业或领域，都能找到自己的一席之地。所以以前做外贸，只要你的产品好、服务好、能按期交货，基本都可以做得不错。

现在这招已经不灵了，不论是在中国还是在海外，如果你仍然只盯着一个平台、一个渠道做外贸，就相当于把鸡蛋全都放在一个篮子里，打法非常单一和片面。一旦出现问题，很可能满盘皆输。还有一些外贸老板，今天有人告诉他说自媒体好做，他马上去做自媒体；明天有人说社媒好做，他又跑去做社媒。结果因为目标不明确，随波逐流，即使能找到一些客户，也不够精准和持久。

所以，**今天的外贸企业再想从不同的渠道和平台精准获客，**

就不能再像流量红利期那样，坐等"流量"上门，也不能随波逐流，盲目跟随别人，而是要主动地进行全方位、多元化的流量布局。

如果你经常研究国外的流量状况，就会发现，国外的流量分层一直很稳定，虽然也陆续有新的平台、网站出现，但因为商业模型成熟、稳定，所以流量分层变化很小。比如搜索引擎流量基本被谷歌（Google）垄断；零售电商搜索流量主要分布在亚马逊、易趣（eBay）等少数几个头部平台；社交流量则主要集中在脸书、推特、优兔、领英、抖音国际版等平台。这些平台各有各的长处，而且持续性都很强。

我有一个朋友，是十多年前我刚成立"外贸基友团"时认识的。当时他已经在做外贸了，后来因为追赶潮流，转行去做了金融。2024年，他又回来继续做外贸，并且还创建了一个独立站，专门做包装材料，服务海外的一些中小品牌商。现在做得风生水起，十几个人的小团队活得非常滋润。

为什么这么多年过去了，他仍然能回来继续做自己的老本行？就是因为国外的流量非常稳定，十几年前能做的平台，现在仍然可以做。

相比之下，国内流量的分层非常分散且不稳定。比如大家以前一直认为百度稳坐搜索的头把交椅，但其实现在抖音搜索、微信搜索都已经超过百度。而且国内流量平台的变换更迭十分频繁，从早期的博客、微博，到后来的微信、短视频等等。当一个新平台出现，旧平台上的一切很快就会消亡。

国外这种分层稳定、可持续的流量，对于我们外贸人来说就是绝佳的机会和红利。一些做得比较好的外贸老板，也因为洞悉到了国外的这一"行情"，才持续地在行业内深耕，持续地赚钱。

2023年，我们发现美国一家宠物公司推出的一款除毛产品卖得特别火爆，就想模仿这款产品，推出一款同类产品。于是，我们开始研究这家公司的流量布局情况，发现他们除了在自己的官网发布产品信息外，还在亚马逊、推特、照片墙、脸书、抖音国际版、优兔等多个平台同时发布了展示产品功能的视频和用户生成内容。经过大半年的跟进，我们发现该公司在不同平台发布的相同产品信息，其引流效果和反馈效果相差较大。官网每天的访问量可达到2.3万次，在照片墙和抖音国际版上获得了11万多的粉丝量，脸书上也拥有8000多的粉丝量，其余平台反馈一般。从中可以判断，官网、照片墙、脸书和抖音国际版这四个平台就是该公司流量布局的重点，并且这四个平台也一定是该款产品的主要销售渠道。

了解到这些信息后，我们便参考该公司的做法做同样的流量布局，重点在照片墙、脸书和抖音国际版这三个平台上投放相似的产品信息，包括产品图片、产品视频、产品性能等。由于有"前辈"带路，我们的产品也很快获得了客户的关注和询盘。这说明，我们的流量布局是合理的、有效的。

对于我们外贸企业来说，**流量不会从天而降，都是靠布局得来的；客户也不会主动找上门，都是靠设计得来的**。对流量的布局和设计，考验的就是外贸老板的前瞻性，看你是不是具备这样的思维和认知。特别是一些内贸转外贸，或者是新兴品牌的外贸企业老板，想做好外贸，更要懂得线上布局。只要流量存在，只要你懂得布局流量，长长的坡，厚厚的雪，自然就来了。

当然，具备布局思维是一方面，掌握布局的方法也很重要。没有科学合理的布局策略，就算你找到了流量入口，也不知道如何进入。我根据自己 20 多年的外贸运营经验，总结出了一套多渠道融合的流量布局方法，并将这套方法打造成为一套完整的获客系统——"打窝式"获客系统。掌握了这套系统，同时结合自己的企业现状和产品类型，再去寻找获客渠道，你就会发现这个过程比你想象的简单得多，而且还能让你在激烈的竞争中始终占据主动地位。

什么是"打窝式"获客系统

喜欢钓鱼的朋友都知道,要想鱼钓得多,你就必须先打窝。提前准备好鱼饵,选好垂钓点,把鱼饵投下去,等着鱼群自己跑过来,然后再挑鱼多的地方下钩,精准度才会更高。

"打窝式"获客系统,其本质与钓鱼打窝的过程相似。它首先需要建立一种整体布局流量的思维,融合多个渠道,将线上的B2B平台运营、社交媒体推广、搜索引擎优化(SEO)及线下行业展会参展、商务拜访等资源联动整合起来,再依照不同渠道特性与目标市场需求,精准地定位与吸引潜在客户,最终实现流量的高效导入与转化。

简单来说,就是通过线上各渠道搜集与自己所在行业有关的数据信息,再对数据信息进行分析,寻找和发现海外商机,然后将自己的产品信息有针对性地上传到海外的目标平台和渠道上去,使其反复曝光,同时通过各种测试、验证,以及数据的反馈和分析，找到潜在客户最集中的平台和渠道，然后聚焦资源，集中向潜在客户进攻。

比如，在社媒平台，我们可以通过上传更多的优质内容来吸引关注，提升产品和品牌的知名度；在B2B平台，尽可能多地展示产品优势，精准对接客户的采购需求；在各大网站，借助SEO提升产品在官网的搜索排名，扩大自然流量的入口，让更多感兴趣的潜在客户进来。

为了精准引流，我们也不能坐等客户上门，而是要对自己的产品信息进行持续优化，以便能快速锁定目标客户，进而将客户引至私域，建立联结，最后到线下完成交易。

这个过程就像广告营销中的漏斗模型（如图2-1所示），先

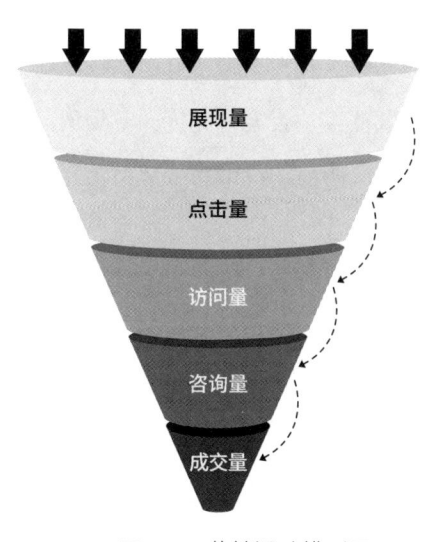

图 2-1 营销漏斗模型图

集中引流，再对流量进行过滤，最终从中筛选出目标客户，实现成交。这也是商业模式的底层逻辑。

有些外贸老板觉得这些获客方式很麻烦，又要收集数据，又要铺设产品……现在很多有过出海经验的人都会提供一些思路，告诉大家哪些平台容易赚钱，只要结合他们提供的信息就能找到潜在客户，何必费这么大力气？

对此，我的观点是：这种片面思维是最不可靠的，因为他们是在用自己的个例告诉你所谓的"成功经验"。

举个例子，现在越来越多的外贸工厂开始转战抖音国际版询盘获客，许多厂家做得也不错，基本已经形成了一个较为成熟的模式。并且抖音国际版的获客成本比较低，从很多细节来看，目前抖音国际版上做得好的大多数都是中国人。一些外贸老板见别人在抖音国际版做得风生水起，自己也跃跃欲试。事实上，抖音国际版更适合做珠宝、服装、美妆、宠物用品、生活好物等高毛利品类的产品，一般性的日用品、工程用品、机械类用品等品类，很难在上面做起来。即使偶尔有一些成交，也难成"气候"，更无法支撑外贸企业持续地运营下去。

除了线上获客，还有一些外贸企业是通过线下渠道获取客户信息的，比如参加各类行业展会、行业论坛、国外地推等。不能说这种方式不对，但我个人不建议将其当成主要的获客渠道，因为这些方式的效果已经越来越差，或者说只能起到类似于重症监护病房（ICU）一样的作用，目的只是告诉客户：我还活着，欢迎你来跟我合作。除此之外，你很难再从中获得精准有效的客户信息。除非你有专业的团队，或者具备足够多的资金，能够开展一些成本较高的线下获客活动。只是在此之前，你要确保自己对这些渠道足够了解，并且能够明确预期的回报。

整体来说，"打窝式"获客系统就是"广撒网，多敛鱼，择优而从之"。在这个过程中，你只要集中做好三件事：**通过公域获客，在私域与客户"建联"，到线下完成交易。也就是通过"线上 + 线下"相结合的方式，将交易放在三个场景中进行**。由此，这套获客系统便协助你实现了从线上到线下的客户成交闭环。

当然，我们通过各种渠道获取的客户，肯定是希望跟客户建立长期的合作关系，而不是做一次性生意，因此后续的服务也很重要。我们要通过为客户提供优质的服务，强化客户的复购意愿，与客户建立持久稳定的合作关系。对于中小型外贸企业来说，这既是实现客户持续增长的底层逻辑，也是从出口到出海的一个重要桥梁。

洞察，是公域获客的基础

传统外贸业务的最大特征就是私域，而现在外贸私域正遭遇前所未有的危机。随着互联网技术的飞速发展，能够获得海关数据的相关软件出现，公域的影响力越来越大，互联网 B2B 平台掌握了外贸企业的大量数据，并不断向客户推送竞争对手，导致客户黏性越来越差；同时，由于从互联网上引来的客户非常不稳定，很容易被低价厂商挖走。正常情况下，大平台主要提供服务，不会把客户信息外泄，更不可能把客户据为己有，让企业的私域变成它的私域。而事实上，不少大平台在获取客户资源后都会开启自营业务，与外贸企业争夺客户。

外贸业务一旦失去私域的保护，客户资源公域化，便毫无秘密可言，也再无竞争力可言，等于是自己吃饭的碗被别人拿走了。从这个角度来说，外贸企业想要持续发展，要么是抵制公域、守住私域，要么是利用公域、发展私域。相比之下，显然后者更容易做到。我们可以通过公域获取客户资源，但后期一定要让客户资源私域化。

"打窝式"获客系统的第一步，就是利用公域资源来获客，而获客成功的前提和关键主要取决于两个字：洞察。

什么是洞察？

简而言之，就是通过互联网技术，从各种渠道获取不同国家、地区的消费者习惯和商家信息等，从中寻找和发现商机，锁定潜在的目标客户。

举个例子，谷歌地图作为一个强大的地理信息工具，不仅仅具有导航功能，还包含有大量的商业信息，如企业位置、联系方式、用户评价、服务类别等。这些信息都可以为我们提供寻找潜在客户的线索。通过谷歌地图，我们可以轻而易举地找到特定国家、特定地区内的特定公司，获取它们的各类信息，并分析这些公司的经营数据和市场表现，比如通过用户评价来判断对方的市场反馈等。

除谷歌地图外，亚马逊、中国制造网等外贸平台，以及脸书、照片墙、优兔、领英等社媒平台，也拥有庞大的卖家资源。在这些平台上，同样可以收集到大量的客户信息。

再比如，现在的海关进出口统计数据中蕴含着丰富的商业洞察，如果能妥善运用，也能帮你高效地开拓新的客户群体，发掘新的业务增长机会。虽然中国的海关数据并不对外开放，但其他国家在公布进口数据时，同样会记录从中国进口的信息。这就意味着，我们可以通过分析其他国家的进口数据，反向追踪那些从中国进口产品的采购商，以及采购商所采购的商品类别、交易量、交易额等。通过这些数据洞察不同国家或地区的贸易流向，我们不仅能识别出哪些国家与目标市场有着紧密的贸易往来，还能识别出更多之前未曾触及的潜在客户，并可以对潜在客户的贸易历史进行详细分析，包括产品构成、交易模式、需求倾向、上下游企业等。

不管是利用谷歌地图，还是通过其他网站、平台或是海关信息进行获客，公域获客的第一步，就是"寻找窝点"，明确自己的目标市场和目标客户。比如，你的企业专注于汽车配件出口，那就可以通过谷歌地图等平台搜索目标国家内的汽车制造厂、修理厂等，通过筛选信息，定位出潜在客户的具体位置和一些更为详细的信息，如公司类型、网站、详细地址、联系方式、产品信息等。同时，还可以针对不同商家的市场表现、客户对商家的评价留言等，从中筛选出优质商家。通过这些洞察，我们基本就可以界定自己的目标客户。

拿到这些信息数据后，第二步就是明确需求，即对收集的信息数据进行详细的汇总、分析，从中找出目标客户的不同需求，然后根据这些需求来生产或改良自己的产品，使产品能够最大可能地满足目标客户的需求。

接下来第三步就是"抛出鱼饵",将产品的相关信息发布到目标客户所在区域的对应平台上,或者向其发出定制化的推广邮件等,就像我们钓鱼打窝时选择窝点投饵一样。

洞察对于外贸获客来说非常重要,然而真正能够做到有效洞察的外贸企业却很少。一方面是因为中国的很多外贸老板习惯了以前"听话照做"的商业模式,也就是我们常说的代加工模式,不愿意自己花费时间和精力去洞察客户的更多需求;另一方面是因为他们不知道该怎么洞察,大部分的外贸老板都很少亲自到海外拜访客户,有时就算去了海外,也不怎么见客户、看市场,只是走马观花地参加一下展会,甚至旅游一圈就回来了。缺乏洞察思维和洞察能力,自然也无法发现机会和潜在的目标客户。

然而,一旦你具备了洞察的能力,就会发现这套打法非常有效。在洞察客户的需求之后,我们再向目标客户展示的产品信息会更有针对性,也更容易吸引目标客户的关注。缺少这一步,直接去找客户,你就非常容易失败,因为你触达到的可能并非精准的目标客户。

关于这些经验,我也是踩过无数坑之后才总结出来的。我们公司几年前曾并购过一个四人外贸团队,这个团队的老板跟我是朋友,他主要在抖音国际版上做东南亚那边的生意,一直做得不错。当时国内的抖音平台正处于火爆期,我就想利用这个团队在抖音平台上快速引流，只要有流量，还怕产品卖不出去吗？

理想很美满，现实却很打脸。我们在抖音平台很快就获得了十几万的粉丝，可是产品完全卖不动，因为这种流量都属于泛流量，根本不精准，与我们的目标客户相差甚远。这就是前期没有做好洞察的结果。

相反，做好洞察后，获客就会变得更容易。2023年，我跟国内一家大型汽车工厂谈判，准备购买他们生产的一款小型客货车，再经过改装后销往澳大利亚。在谈判过程中，该汽车工厂的市场经理提出，这款车在澳大利亚市场的年需求量大约是2万辆，而我当时提出的采购量是每年1000辆。按照对方市场经理提供的数据，我的采购量已经占这款车在澳大利亚市场年需求量的5%，完全就是该工厂的大客户了，所以他们对我特别重视。

事实上，根据我们自己的详细调研，这款车在澳大利亚的年需求量至少达20万辆。但由于对方对澳大利亚市场的洞察不够详细，得出了错误的数据，把我当成了大客户，我也从中获得了更大的主动权和议价权。

这件事说明，哪怕是一些大型企业，在市场信息的收集和洞察方面也仍然存在草率、不够严谨的情况。**错误的信息必然会导致错误的决策，只有正确的数据才是做一切事情的根本。**

很多外贸企业在获客、营销方面都不太愿意花费太多的时间和精力，自然也无法洞察更多精准的客户信息和数据，这就会让你失去很多好的客户和好的商机。只有前期做好洞察，你在后面触达目标客户时，才能更精确地找准他们的"胃口"，为他们推荐真正能满足其需求的产品，吸引他们的关注和兴趣。

私域"建联",打通客户兴趣点

当公域流量越来越不精准时,外贸企业就需要实现"技能下沉",去直接面对和触达目标客户,利用内容营销及产品的展示效果,搭建属于自己的私域流量池。

然而,对于外贸企业来说,私域流量的重点并不是流量,而是对目标客户的精细化运营,当我们把目标客户从公域导入私域时,才是与客户建立联系的开始。通过与客户的"建联",我们也可以进一步引发客户对产品的兴趣,最终到线下面对面洽谈,促成交易。

说到这里,很多老板可能会产生一个疑问:怎么才能提起客户的兴趣呢?有时客户明明来询盘了,我们对着客户滔滔不绝地介绍产品,客户却好像没什么反应,最后不了了之。

我先问大家一个问题:作为外贸企业的老板,你有没有站在客户的角度,认真洞察分析过客户的需求?你的产品是否真的能满足客户的需求？

大家都有一个误区，认为只要我的产品足够好、价格比别人低，客户就一定会购买。而事实上，产品好、价格低只是让客户产生兴趣的其中一个因素，但并不是必然因素。因为随着市场竞争的加剧，总会有比你的产品更优质、价位更低的产品出现，这时你就会逐渐失去竞争力。**真正的外贸，应该是你与客户站在一条线上，一起去赚别人的钱、赚市场的钱。尤其对于 B2B 企业来讲，最为卓越的营销方式，就是助力客户在市场中赢得份额。**

所以，当你发现客户对你的产品表现出兴趣，在线上给你的产品点赞、评价，甚至主动过来询盘、"建联"时，就可以"转移"到线下，主动去拜访客户。通过与客户面对面沟通，进一步洞察客户需求，了解客户所在地的市场环境，必要时甚至可以让客户带着你一起去走市场。

在这个过程中，我建议你做好三件事。

第一，找到客户的顾虑点。

有些时候，客户对我们的产品或服务提出异议，迟迟不肯下单，真的是不认可我们的产品或服务吗？

并不见得。异议只是表象，其深层往往蕴含着客户的某种顾虑，或者是一些特殊的需求。想成功拿下客户，我们就要通过面对面与客户沟通，准确地捕捉到客户的这些隐性顾虑点和需求点，帮助客户化解他们所担忧的问题，必要时甚至可以量身定制解决方案，消除客户的顾虑，满足客户需求。

几年前，我曾到美国拜访过一位目标客户。上午见面后，我们就坐在一起喝咖啡，谈了一些业务和产品上的问题，但客户并没有表现出成交兴趣。中午吃完饭，客户想送我回酒店，我不甘心拜访就这么结束了，于是提出想跟他一起去他的公司看看。因为在上午的沟通中我发现，客户之所以迟迟不愿意下单，很大一部分原因是担心库存问题，我就想把这个问题解决掉，打消客户的顾虑。到客户公司后，我们又继续沟通这个问题，最后我向对方表示，我愿意为他们备一个柜的产品，让他们去测试效果。如果销售效果好，我们就合作；效果不好，费用全部由我们来承担。客户的疑虑打消后，很快便订了货，后来也成功地将我们的产品打入了美国的沃尔玛超市。现在，沃尔玛已经成为我们在美国的最大客户。

有人说，要让听到炮火声的人做决策。我一直认为，做外贸应该是让做决策的人听到炮火声。 我自己创业20多年，到现在仍然保持着每年有两个月在国外约见客户的习惯。在这个过程中我发现，客户很多时候并不会主动把自己的难处、担忧、顾虑告诉我们，只有当我们真正与客户"泡"在一起，双方都很放松的情况下，客户才会在不经意间流露出自己的真实需求。抓住这些需求，我们离成交就会更近一步。

第二，向客户展示自己的实力。

不少外贸老板在跟客户沟通，或者向客户介绍产品时，总是习惯性地说"我们很专业""我们的产品质量有保障""我们的价格非常合理"等。听起来好像很吸引人，但客户对这些往往无动于衷。

为什么？

因为客户并没有真切地看到你所表现出来的专业性，以及你的产品如何好、价格如何合理。

外贸成交是建立在信任基础之上的，赢得客户的信任也是促进成交的关键环节。那我们靠什么赢得客户的信任呢？就是靠我们在与客户见面时所展示出来的实力。

比如，客户来访时，一般是想了解供应商的真实性、企业规模、专业度等，但核心是要了解我们能否提供他们所需要的产品。我们通过前期的洞察，了解到客户的具体需求后，就可以根据客户需求选择相应的产品，并准备好样品，让客户真真切切地了解到产品的材质、生产工艺、应用场景、差异化优势以及市场价值等。如果客户对产品有特殊需求，还要尽可能地为其提供定制化产品方案，进一步增强客户对产品的兴趣。

如果你是出国拜访客户，除了介绍企业、产品等基本情况外，还要将之前所洞察的各种信息数据，包括市场调研与分析、行业发展状况、竞争对手分析、技术调研结果、消费者需求分析等，都展示给客户，并结合自己的产品优势帮助客户分析未来市场状况、产品销售前景，以及预判客户可以从中获得的利润等。当你把这些数据展示出来时，客户的眼睛马上就会亮起来，对你的信心和兴趣也会立刻提升。

2019年，我们去德国考察市场时，结识了一位德国客户。这个客户的主营产品是窗帘，而我们做的是遮阳膜，按理说这两者并没有直接关联。但是，当我们向对方分享了我们对德国窗帘市场的洞察和分析数据，以及我们产品的三个特点后，他立刻就来了兴趣。

我们当时主要向他介绍了遮阳膜的三个特性：遮蔽隐私性、容易操作性和设计感。既然他卖的是窗帘，窗帘的主要作用之一就是遮蔽隐私，那我们的产品正好契合了他的这一需求——让他的窗帘遮蔽性能更好，并且我们还拿出了相应的数据支撑，让他一看就知道我们专业性很强；在容易操作性方面，我们就在现场给他做了展示，让他对产品产生了信心和信任；设计感更不用说了，这本来就是我们的强项，而他经营的是一家工厂，本身也不具备设计能力。

同时，由于亚马逊也有我们的这款产品在售，我们又从上面截取了一些好评展示给他，让他知道我们的产品都是经过市场验证并获得了认可的成熟产品，质量完全有保障。第二天，他就联系我们洽谈合作事宜，我们也成功地拿下了这个客户。

在这个过程中，我们并没有直接强调订单、价格等，而是一直在向对方展示自己的实力，并通过分析数据告诉对方：在这个细分领域，我比你做得更专业，更能洞察市场行情，更懂得如何赚钱，你的市场应该怎么做才更赚钱。这些并不是什么销售技巧，而是一种营销思维。也就是说，你必须时刻具有双赢思维，时刻为客户着想，并通过为客户谋利益而达成自己的目标。

第三，为客户赋能。

很多外贸老板认为，做外贸找客户一定要找成熟的大客户、签大订单，我不太认同这种观点。我认为，外贸客户和订单不在于大小，而在于能否建立长久的合作关系。

做外贸一定要有长线思维，即使是一些小客户，只要你能帮他们打开市场、赚到钱、获得成长，他们也能发挥出巨大的潜力，并且还会与你持续地合作下去。外贸客户天生就具有守契约的稳定性。很多外贸老板起家是从很小的客户和订单做起的，在与这些客户共同成长的过程中，客户对自己供应商的忠诚度也会持续增强。只要你的产品、价格能够匹配客户的需求，他们基本不会与你中断合作。

我们有一位澳大利亚客户，早期是做窗帘的，在澳大利亚最大的建材商超卖窗帘产品。2016年，我们双方建立联系，他接触到了我们的遮阳玻璃贴膜产品，立刻产生了兴趣。但是，他当时对这款产品完全没有概念，于是我们全程陪同，带他了解这款产品的性能、优势，和他一起定制款式、确定尺寸、定做包装，又帮他将这款产品推向澳大利亚市场，并给予他在澳大利亚市场的独家代理权。

在我们的全力扶持下，这几年下来，他做得越来越好，销售额每年都能有20%以上的增长，从最初的年销售额几百万美元，增长到了现在的2000万美元以上，并且还把我们的这款产品做成了澳大利亚市场同类品中的第一名。

在这个过程中，我们彼此也建立起了信任关系，当我们有新品推出时，都会第一时间推给他。他对我们也非常依赖，在澳大利亚市场推广我们的产品时十分卖力。

对于这类原本实力不那么强的客户，不少外贸企业的做法就是把它归入维护性客户的类别中，投入较少的资源维护着，能做就做，不能做就直接放弃。但我们反其道而行之，通过为客户赋能，不仅赢得了客户的信任，还让客户在市场竞争中脱颖而出，为我们创造更多的价值，这是一种双赢策略。

我们去拜访客户是为了干什么？

我认为，拜访客户是为了拿订单，但又不只是为了拿订单。我十多年前就跟业务员讲，见客户、去现场，最多只花三分之一的时间聊订单、聊价格，再用三分之一的时间聊生意背景、商业模式，还要用三分之一时间展示你对市场的高度理解、展示你对客户的价值，学会为客户赋能。能做好这些，成交才能水到渠成。

三种策略，让客户复购率飙升

做外贸，最重要的就是手里拥有永远下不完订单的客户。外贸中最有价值的资产既不是产品，也不是订单，而是你的客户。你能跟客户搞好关系，不仅仅是完成交易，而是持续地为客户提供价值，客户就会保持足够的忠诚度，复购率也会随之提高。在这个过程中，你还可以通过客户的口碑营销，增加新客户来源，拓宽业务渠道。所以，与客户的长期合作，远比短期交易更有价值。

那么问题来了：怎样才能让老客户一直给我们下单呢？是不是要跟客户随时保持联系，经常给客户送点小礼物，就能让客户持续复购？

当然不是这么简单。根据我的经验，我认为外贸老板要从三个方面多做努力。

首先，要把外贸当成内贸来做。

在国内与客户做生意时，我们一般都会亲自拜访客户，与客户面对面沟通业务，售后服务也尽量做到位。但是在外贸中，一些老板却不愿意去拜访客户，遇到问题也只是打个电话、发个邮件，认为这样与客户保持联系就可以了。

保持联系确实可以在一定程度上维护与客户的关系，但如果与客户的业务已经进行到一定程度，我还是建议老板亲自到国外拜访客户。如果我们把客户关系比作烧水，那么在水烧到七八十度的时候，我认为你就应该亲自出面了。随时保持签证有效，来一场说走就走的"旅行"，这应该是一名优秀外贸人必备的条件。

在拜访过程中，你可以与客户方的老板、采购、技术人员等进行沟通，也可以把自己的新品实样带过去请他们验证。如果客户提出需求和意见，你要认真倾听，确保理解无误。如果客户提出问题，或是在使用产品后给出反馈，也要第一时间回应并提供解决方案。这样的拜访看似麻烦，实则非常有效。更重要的是，你可以通过与客户直接沟通，洞察到客户更多的需求和商业信息。

外贸虽然与内贸有很多不同，比如语言不同、距离遥远，但在维护客户关系方面，我还是建议你把外贸当成内贸来做，只是不要带着内贸的思维去与客户沟通。

其次，产品质量有保障，客户才会续单。

客户能够持续产生复购行为，一个原因是你的产品能够持续满足他的需求，另一个原因就是你的产品质量有保障。有些工厂很看重拉拢客户关系，可是生产出来的产品质量不过关，这就很难让客户续单。客户最主要的目的还是追求利润，如果你的产品质量不好，导致他在国外卖不出去，那你再怎么跟他交朋友、拉关系也没用。

做外贸最值得花钱的地方，不是营销，不是人工，而是你的产品。产品质量一旦出问题，客户会直接质疑你的产品品质。**因为价格离开的客户，可能还会回来；因为品质离开的客户，以后就很难再有交集了。** 所以，要维护客户关系，引发持续复购，外贸企业就要沉下心打磨产品品质，哪怕是一些很小的品类也不能忽略。

我们以前曾与日本的一家企业合作生产墙纸，这家企业在日本商超领域非常有名。他们了解到我们是做墙贴的，就找我们做自粘墙纸这个小品类。接洽之后，有近两年的时间，我们一直都在为客户打样。他们公司内部更换了三拨开发人员，我们都始终坚持配合他们，最终跟这家公司建立了长期稳定且利润空间良好、订单自动流入的合作关系。

即使我们拿到的是小订单，也要注重客户的购买感受；即使我们签完订单后会有专门的团队为客户服务，也要及时跟进，了解客户的满意程度。我始终认为，对我们有要求的客户，甚至是拉着我们跟跟跄跄一起跑的客户，才是真正的好客户。因为他们看到我们在不断进步、不断突破，所以才会对我们更加信任，也愿意为我们创造更多的复购订单。

最后，复购，不是产品的重复，而是行为的重复。

很多人对复购的理解，就是客户重复地购买一类产品，一旦不再购买，就认为客户复购率不行。

这其实是对复购的片面理解。**真正的复购并不是从单一产品或品类出发，而是应该从产品品类的组合出发。**尤其对于B2B生意来说，我们更要跳出"对单一品类的复购才叫复购"的思维理解，要让客户只要对同类型产品有需求，就能想到我们，并能够从我们这里购买到。

举个例子，在宠物清洁类产品中，毛发清理工具的复购率比较低，消费者买一把剃毛器、粘毛器往往能用很长时间。但是这几年人们提出一种"人宠共用"的理念，就是一些产品可以实现人和宠物共同使用，而毛发清理工具就属于这类产品。用户买回一个宠物粘毛器，原本可能是想清理一下家里沙发、床单上宠物脱落的毛发，但使用时发现，这个粘毛器也可以用来清理自己衣服上的毛发、灰尘等。

由此，我们就想到，是不是也可以将其他一些宠物清洁类产品拓展到人也能使用的清洁类产品中，或者是可以在同一场景内使用的产品，比如湿巾、消毒液、除味喷雾等，从而衍生出更多的产品品类。而且清洁类产品属于消耗品，如果能把这类产品推荐给客户，客户的复购率就会提高。

再比如，我们的主营产品是玻璃贴膜，属于复购率较低的品类。那我们就根据客户的不同需求，衍生出一些与玻璃贴膜处于同一使用场景中的其他产品，如隔热贴膜、墙面静电保护膜等，将其推给客户，结果大大提升了客户的复购率。

作为外贸企业的老板，我们应该时刻思考这样的问题：那些对某类产品有复购的客户，一般会在哪些场景用到这些产品？在这些场景中，是否还会用到其他的同类产品？或者是否还有一些新的场景可以让这类产品做到高复购？

同时，在新产品设计出来后，我们也要第一时间将样品发给客户，征求客户的意见。如果客户对样品提出了改进意见，说明他后续下单的意向比较明显。这不仅可以维护与客户的关系，增加客户对新产品的兴趣和信心，还能让客户站在市场角度为我们提供更多、更有用的信息，帮助我们找到新品开发和持续迭代的机会。从本质上来说，这也是一种洞察。有了这些信息反馈，我们也可以根据市场需求不断开发出新产品、新品类。

总之，在"打窝式"获客系统中，一旦你精准地捕捉到了客户需求，就相当于握住了客户订单的半壁江山。在这个过程中，我们要重点关注和把握好老客户的需求。老客户是企业的一座宝藏，一个能持续复购的老客户，有时一个订单可能就够企业活半年了。并且老客户复购的成单速度也更快,其间还能缩减沟通成本、信任成本和机会成本,最多客户再次确认一下价格,价格满意就会直接下单。因此,客户关系的维护和客户复购率的提升,也是做好外贸的关键之一。

设计外贸与跨境的业务飞轮

备受亚马逊公司创始人杰夫·贝索斯推崇的飞轮理论，其核心是指企业内部各个业务模块之间相互推动，就像齿轮一样紧密相连。贝索斯认为，启动飞轮之初需要付出巨大的努力，但随着时间的推移，飞轮的速度会逐渐加快，直至达到一个几乎无法停止的惯性状态。

贝索斯将这一物理效应巧妙地应用于亚马逊的经营实践中，并取得了显著成果。亚马逊的发展历程恰好印证了飞轮理论的正确性。

受亚马逊飞轮的启发，我对"打窝式"获客系统的打法路径也设计了一个业务飞轮（如图2-2所示）。外贸企业如果将这一飞轮模型运用到自己的经营过程中，虽然起步时有些困难，进展也比较缓慢，但可以为企业后续的飞速发展奠定基础。

根据这个业务飞轮，我认为每一个外贸企业和跨境企业都应该设计好自己的业务路径，也就是布局多条从产品到客户的通道。

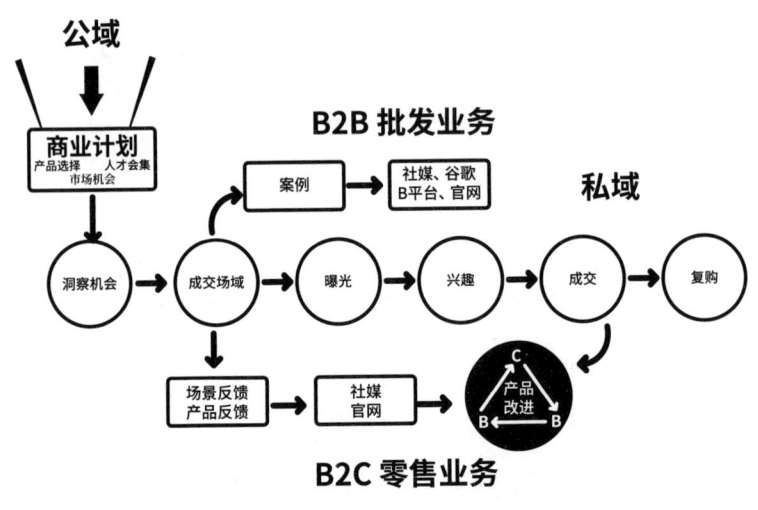

图 2-2 "打窝式"获客系统业务飞轮

首先，根据"打窝式"获客系统的流程，外贸企业要在公域制订商业计划，通过"打窝"的方式布局流量，持续引流。但是，最初你的商业计划吸引来的流量不见得都是客户，也可能包含一些产品信息、人才信息、市场机会等，就像我们在打窝捕鱼时，捕上来的不完全都是鱼，还可能会有虾、螃蟹等。我们要做的，就是对这些流量进行深入的筛选、洞察和分析，从中获取自己需要的、比较精准的目标客户信息。

接下来，企业要建立一个成交场域，这个场域一般为外贸企业在海外设立的实体店铺或独立站，里面陈设有企业的各类产品。但是，设立这个成交场域并不是为了给企业创造多少业绩或带来多少利润，而是为了快速满足目标客户想要拿到产品进行测试的目的。当一些目标客户通过线上平台或线下活动了解到你的产品信息，并对你的产品颇感兴趣，想要进一步测试一下时，就可以到店铺里直接购买使用。而通过这个成交场域，企业也可以获得客户使用产品后的第一手反馈信息，从而验证自己的洞察。

对于这个成交场域，我们通过好几年的摸索才建立起来。在此之前，客户对我们的产品表现出兴趣时，往往很难第一时间拿到产品进行测试，我们只能通过互相发邮件、打电话等方式沟通产品信息，然后寄送样品给客户测试，之后再约见、谈判、成交、复购……这条路径走起来非常漫长，效率也很低，所以也一度让我们感到很痛苦。而当这个成交场域建立起来后，我发现不仅与客户"建联"、成交的效率提高了，我们获取的客户信息等数据也更加精准了。

从上图可以看出，成交场域又分解出三条路径。下面的一条为B2C路径，主要为了满足一些零售商的购买需求。有些零售商把产品买回去使用后，发现产品效果很好，可能就会给出积极的反馈，比如留言、好评或主动联系你复购，或者把你的产品信息上传到自己的官网或社交媒体上进行推广，让更多潜在客户看到。也可能对产品的质量或某些性能不太满意，向你提出一些意见，这时你就可以收集到很多信息，洞察到客户的更多需求，根据客户需求不断对产品进行改进，从而获得更多的成交和复购机会。

这里有一种情况，有些批发商在看到你的产品，尤其是新品时，刚开始可能并不看好，不愿意下单冒险。这时该怎么办呢？

我给你一个建议，就是先把直营端客户做起来，比如把产品直接放到亚马逊、天猫等平台售卖。如果销售数据不错，你再拿着数据去找批发商。批发商看到产品销售数据后，可能就会对你的产品重拾信心，愿意跟你签单。这样一来，不但有零售商帮你卖，还有批发商购买，两方面受益。

成交场域分解出来的上面一条路径是B2B路径，主要为了满足批发商的购货需求。在与这条路径上的目标客户"建联"时，你就可以将2C路径上的成交数据、产品测试情况、反馈信息等作为案例展示给对方，让对方更加具象地理解你的产品质量、性能、销售情况等，继而产生兴趣和信心，提升成交和复购的概率。

我结识的一位外贸企业老板，就是先通过2C路径不断收集信息、形成报告，再将其做成漂亮的小册子。每次他去美国参加行业展会时，都把这个册子带过去，向参展的人展示，很多人看到后都会表现出极大的兴趣，向他索要册子，其中也包括很多目标客户。但是他一本也不送，而是表示会在正式拜访对方时再送给对方。回来后不久，他就能收到不少大型批发商的见面邀约。这就是与客户"建联"的一个有效途径。

成交场域分解出来的中间一条路径为主路径，这条路径更接近传统外贸的方式，比如借助 AI 工具搜集客户信息，再批量发送"建联"邮件，收到客户的询盘信息后，与客户沟通，引发客户兴趣，最后到线下成交。在运用"打窝式"获客系统的过程中，不管你是 2C 还是 2B，其核心逻辑都是遵循这条主路径，最终形成客户成交闭环。

以上飞轮模型所展现的，就是一个外贸企业的商业运作模式。我们要先找到影响企业业务发展的关键要素，如成交场域、批发商、零售商等，然后构建各个要素之间的动力传递体系，从而形成一个良性的循环系统。当飞轮模型中的一个环节被驱动后，它输出的动力就会持续地在各个环节之间传递，推动整个飞轮体系（业务体系）循环运转，推动业务持续自我增长、自我加速。

第三章

需求定产品，
三字决胜负

做外贸，产品重要吗？当然重要，但也不重要。

说它重要，是因为产品是连接外贸企业与客户的桥梁，是满足客户需求的直接媒介，也是外贸企业赢得市场的关键。没有优质的产品，即使你的营销手段再高明，也难以赢得客户的长期信任和支持。

说它不重要，是因为不论选择哪种品类的产品，只要选好细分赛道，尤其是找到极度细分的蓝海市场，同时制定出科学的产品发展核心策略，就可以有效推动产品从模仿借鉴至创新超越，逐渐形成自己的竞争优势，一步步地引领市场趋势。

真正的需求，是被客户需要

现代营销学奠基人西奥多·莱维特有一句话非常著名："客户不是想买1/4英寸的钻头，而是想要一个1/4英寸的洞孔。"

这句话所表达的核心是什么？

核心就是客户在购买产品时，不会关心产品是什么，而是关心自己的需求是否得到满足；客户真正想要的也不是产品，而是产品能帮助他解决什么痛点、达成什么目的。

我经常听到外贸老板抱怨：这个行业简直没法做，靠的都是低价竞争。但是同时，行业内仍然有不少外贸企业，在大环境不景气的情况下可以逆势上升，而且还保持着相当可观的利润率。两者关键的差别，就在于能否精准地找到并满足客户的需求。在当前的制造业大环境中，产品同质化是绝大多数企业都存在的问题，想获得客户的认可和青睐，我们必须回归到商业的本质：为用户创造价值。而商业创造的价值，很大程度上来源于满足客户需求。对我们外贸人来说，理解这个问题至关重要。

然而我发现，行业内的不少老板在推出产品时，很容易陷入一种"自嗨"模式，认为只要自己的产品质量好、价格低、营销到位，客户就一定会源源不断地找上门。这其实是站在自己的角度，不是站在客户的角度做外贸。

做外贸的底层逻辑与做内贸是一样的，都是要站在客户的角度看问题，洞察到客户想要解决的问题是什么、想要完成的任务是什么，再从客户的需求倒推回产品的设计和开发，将创新的焦点从产品本身转移到对客户行为的深层次理解上来。

举个例子，我们有个日本客户明和产业株式会社，主营各类功能建材、高机能素材、机能化学品、合成树脂等。有一次，我在日本考察市场时发现，他们生产的一款磨砂玻璃贴膜采用的是静电免胶吸附设计，跟我们以往生产的玻璃贴膜完全不同。以前在设计玻璃贴膜时，大家更关注的是设计是否美观，是否能更好地防水、隔热，是否在有效遮挡隐私的同时，还能保持室内光线充足等，却几乎从没关注过贴膜的胶水问题，我们在市场上看到的也都是带胶水的玻璃贴膜。但是这一次，我发现日本的这款产品帮助客户解决了两个新的痛点，一个是产品可以反复使用，另一个就是想把玻璃贴膜揭下来时，玻璃上不会再残留胶质。

了解到这款产品和洞察到客户新的需求后，我们便开始模仿日本的这款玻璃贴膜研发产品。2012 年，我们的产品首次登上电商平台天猫商城，很快取得了不错的成绩。10年后，这个品类在天猫平台每年可以做到40亿元的GMV（商品交易总额）。

一些外贸企业在研发产品时，虽然会努力寻找客户痛点，并尽最大可能地解决客户痛点、满足客户需求，但仍然会有一些洞察不到的客户痛点，或者找的痛点不够精准，导致开发出来的产品卖不出去。这时，你就要到国外的市场、到各种现场去洞察，发现客户的更多需求，而不是坐在家里闭门造车。必要的时候，你甚至可以让客户带着你去走市场，看看他是怎么把产品卖出去的，都卖给了哪些人，以及这些人对他提出了哪些要求。这些都会成为我们开发产品的依据。

这是一种逆向思维。当你以客户需求为起点开发产品时，思路会完全不一样。比如，客户想在家里的墙上钻一个孔，他需要的并非只有电钻头，而是能钻孔的工具就行。如果你只专注于电钻头，可能就无法精准地满足客户需求。钻头只是产品，打孔才是客户需求。你开发出来的产品或提供的方案被客户真正需要了，你才会卖得更好。

我把这种开发产品的路径称为"由外而内"。其中，"外"有两层含义，一层是指外贸企业要善于洞察海外市场，从海外市场中寻找开发产品的灵感；另一层是指外贸老板要跳出固有的思维模式，从外部视角、客户的视角来看待自己的产品。

从全球产品的研发设计和制造史来看，欧洲一直处于比较领先的地位，尤其是北欧的设计理念，不论是从产品的艺术性还是功能性来说，都是非常超前的。比如我们知道的各类精致的奢侈品，起源都可以追溯到18世纪的欧洲，尤其是法国。这些品牌和产品以其精湛的工艺、独特的设计和卓越的品质，受到了全世界人们的追捧。

美国是个移民国家，最初是由英国、西班牙、荷兰、法国等欧洲国家的移民建立起来的，其设计理念与欧洲几乎一脉相承。而且欧洲的市场较小，虽然有很多好东西，却没办法发扬光大，于是美国就替欧洲做了这件事，将各种富有设计感和品质好的产品放在美国市场上推出。随后，善于学习的日本、韩国、中国等国家，又相继把这些产品理念学回来，设计制造自己的产品。

从以上路径来看，国外不少产品的设计和制造理念都要更先进、更超前一些，这也是我一直建议外贸老板多出去走一走、看一看的原因。你亲自去走市场，才能更多地了解到国外市场有哪些新品，这些新品中有哪些会受客户欢迎，可以作为我们对标开发的产品。找到对标产品后，再深度剖析它的设计、功能、品质、市场反馈等，汲取其中的成功要素，并结合自身的优势进行创新优化，推向海外市场。

在这个过程中，如果发现哪些产品的海外市场接受度很高，客户很喜欢，再集中资源打磨品质、优化性能，逐渐提升产品的附加值与市场占有率，甚至可以打造自己的差异化优势，使其成为行业内的标杆产品。

我们打拼多年总结出来一套产品逻辑，我把它用三个字来归纳，分别为"跟""测""怼"。依照这套逻辑，外贸企业就可以从市场、客户反推至产品研发，推动产品从跟随借鉴至创新超越，使产品在推向市场后，既可以有效满足市场和客户的需求，又能引领市场趋势，成为行业中的领先者。

"跟"：拆解行业标杆竞品

外贸企业想赚钱，在选品时必须先学会"跟"——跟随行业内的标杆竞品。

很多外贸老板可能对我的观点嗤之以鼻，觉得"跟"别人的东西很可耻，跟造假有什么区别？但我认为：学会"跟"是一件很厉害的事，关键在于你想"跟"谁、会不会"跟"。如果你"跟"的是行业里不如你的人，那"跟"出来的东西肯定不行；如果你"跟"的是行业里特别厉害的人、行业中的标杆，就算只"跟"到七八十分，也能获得相当不错的成绩。这背后的底层逻辑就是：**天底下没有新鲜事，成功也不必从零开始。任何一种新的商业模式、新的产品，都并非完全独创，而是踩着前人的肩膀一点点建立起来的**。外贸领域同样如此。通过系统地学习和借鉴市场上的成功案例，外贸企业才能找到自身业务的发展方向。不要盲目想着原创，要想着改善。日本丰田公司"持续改善"的精神，本质就是一种创造和创新。不断累积小创新，假以时日，就能形成真正的创造。

我们有一个美国的竞争对手，主营室内装饰品，虽然公司规模不大，产品销量却非常火爆，光是一种彩绘玻璃贴膜产品，就占据了美国同类产品市场90%以上的份额。它的创始人是一个很有个性的设计师，以前每年只设计推出一款产品，但只要成功推出，上市后必成爆品。

2018年，我在美国市场上发现他们的产品特别畅销，就想对标跟随他们的产品，自己开发一款同类产品，推向海外市场。然而对他们的产品进行拆解和分析后，我发现我们根本做不了：一是人家产品的设计感十足，不仅纹路清晰，而且风格独特；二是人家产品的材质非常好，油墨与材料完美融合，贴在玻璃上时，能与玻璃完美贴合，并且持续时效也很长。

光是这两个难题，就把我们挡在了门外。我后来找到了他们的前COO（首席运营官），希望能获得他的帮助，他给我提供了一些建议和思路。但知道怎么做和最终能做出来完全是两码事，就算我们掌握了设备、材料等相关信息，也仍然解决不了两个更关键的问题——设计和工艺。

之后两年多，我对这件事一直念念不忘。直到2022年，公司原企划部的一个女孩所在的岗位取消了，但是她会画画，我就派给她一个特别的任务：模仿美国这家公司的产品来设计图案。

她画了好几个月，最终还真画出来了。我们当时特别兴奋，感觉马上就要挖到金矿了。然而当我们打样出来，拿到市场上测试之后，发现客户并不喜欢，因为设计太中国化了，不符合老外的审美。我们完全是站在自己的视角来设计产品，结果偏离了客户的需求。

恰在这时，公司新招了一个留学生，是一个从美国某大学视觉专业毕业的女孩，画画也很棒，我又让她按照美国复古的风格和审美修改这版设计图。经过她修改后，图案不但更加精致，也更符合西方人的审美。

与此同时，在工艺方面，我们也一直在积极寻找解决方案，包括打印设备与打印材料的适配度调整、油墨与材料的融合度调整等，也获得了很大突破。

2023年初，我们终于推出了新的样品，这一次很快便收到了良好的市场反馈。产品正式投放市场后，当年就冲入美国亚马逊小类目畅销榜。这表明，我们在产品设计方面"跟"对了。

这个案例再一次提醒我：**外贸企业在选品时，千万不要用中国人的思维习惯和偏好去判断老外的喜好。你必须站在客户的角度去深度剖析标杆产品，找到客户喜欢的款式风格、产品工艺、产品性能等，再结合自身的优势对其进行改进，才能推出符合市场需求和客户需要的产品。**

不过，"跟"并不是跟随国外标杆竞品的几个款式就行了，你还要"跟"他们的定价、运营方法（如文案、图片风格）、推广节奏（如媒体布局、投流费用）等全套方案。

拿定价来说，在外贸业务中，定价策略的制定是一项至关重要的任务，直接关系到企业的利润、市场份额和长期发展。但是，现在大多数的外贸老板在为产品定价时，仍然坚持成本思维：先计算出原材料成本、生产成本、运输费用、税费以及市场推广费用等，通过详细核算，确定出产品的总成本，再以此为基础，加上利润空间，比如30%的利润，最后确定产品该卖多少钱。这种基于成本的定价方式，还是代加工时代留下来的传统定价方式。

我要提醒你：如果你仍旧抱着成本思维来给自己的产品定价，那你永远赚不到大钱，因为总有比你的成本更低、定价也更低的竞品出现，这时你拿什么跟对手拼？

真正能赚钱的定价策略，就是去"跟"你的对标竞品的定价。我们在美国市场推出玻璃贴膜时，竞品的定价是每卷29美元，我们就定价每卷30美元，比他们还要贵1美元。因为我们的产品品质与对方不相上下，而对方的产品定价和销量已经表明，市场是可以接受这个价格的，所以我们把自己的产品定在与竞品价格相差不大的层级上，与对方直接展开竞争。否则，定价过低，目标客户就会对你的产品品质产生怀疑，甚至产生"便宜没好货"的印象。**客户不会因为你的产品价格低就多买，他们只会因为你的产品具有更高的用户价值才会多买。**

运营方法也可以"跟"。国外好用的大平台就那么几个，大家肯定都会用。比如，竞品公司通过谷歌等搜索引擎平台来推广产品，那我们也在这些平台上持续推广，并且还要不断优化网站内容，包括优化产品关键词、撰写高质量的博客文章等，提高产品在搜索引擎上的排名，增加网站流量；竞品公司在谷歌上面给自己的产品打广告，我们也在上面打广告，并且投入还要比对方更高效。

当然，每个公司肯定还会有其他平台，所以我们在推广自己的玻璃贴膜产品时，就把对方公司的名字、产品图片等输入谷歌浏览器搜索。果然有所收获，他们还在其他小众平台做了推广，那我们也紧跟其后，立马跟上去占榜。

同时，我们通过数据洞察，发现对方在抖音国际版上有100万粉丝，并且每天都会发一定量的产品推广视频。我们也立刻在上面发同类的产品视频，发的数量比他们还要多，慢慢积累粉丝量，为自己引流。

在推广节奏方面，我们也紧跟对方的节奏。比如，我们通过后台数据查询发现，对方通过谷歌广告（Google AdWords）付费推广自己的产品，我们也立刻付费在上面推广，甚至比他们付的费用更多；对方在上面投了5个关键词，我们也投相同的5个关键词。

以上这些"跟"的方式，都是为了与对方形成同频竞争，要让目标客户在看到竞品的同时，也一定能看到我们的产品，两者形成协同效应，才更容易引起客户的关注和兴趣。

做外贸不要循规蹈矩，也不要觉得"跟"别人很丢脸。这就像我们写作文一样，你知道什么样的作文能拿高分，就可以仿照着来写，虽然不一定拿到和别人的作文一样的高分，但也可以做到前几名呀！伟大的企业往往是从跟随和模仿开始的，伟大的书法家也都是从临摹开始的。做外贸也一样，竞争对手就是你最好的教科书，否则你拍着脑袋生产出来的，很可能是别人不需要的产品。善于学习和模仿行业中的标杆竞品，通过拆解它们，弄清其成为爆款的原因，再一对一地"跟"，你就完全有可能为自己打造出一款爆品。

"测"：好产品是测出来的

"跟"只是外贸企业推出产品的第一步，至于你"跟"得是不是成功，必须通过测试才能知道。

前文我曾提到，外贸企业应该在海外建立一个成交场域，目的是快速满足目标客户想要拿到产品进行测试的目的。它就像是一个先头部队，帮助你把新品率先带到海外市场，检测该产品在市场上被接受的程度。

我们当初在开发彩绘玻璃贴膜时，就率先开发了几款新品，把它放到亚马逊上销售，目的是测试客户对这几款新品的反馈情况。亚马逊平台就相当于我们的一个成交场域，通过数据监测，我们可以得知这几款产品客户是不是喜欢，以及哪款产品客户的关注度更高、好评率更高、询盘人数更多等。如果其中有一两款产品表现突出，说明通过了验证，接下来就可以大规模地上线售卖了。

有些外贸老板觉得这种打法很麻烦，需要付出大量的人力成本和时间成本来搞测试，最终还可能失败。不如直接推出新品，把新品发给老客户去销售就行了。但这种做法可能会导致一种结果：老客户囤了很多产品，却没有卖出去，货物都压在仓库里。这会给你造成一种假象：我推出的新品很好卖。等你真正发现产品不好卖时，可能已经过去好几个月了，你也错过了最佳的市场红利期。

"测"就是为了预防以上情况出现，这种测试尤其对开发全新产品至关重要，可以帮助企业避免很多高成本的开发错误。你可以先在电商平台上开设自营零售店铺，直接把产品卖给用户，获取第一手消费者反馈资料，通过这种方式进行市场测试。这种测试可以涵盖不同区域的市场、客户群体、应用场景及营销渠道等，主要测试客户对产品的评价、客户画像、使用场景、产品的市场竞争度与价格带等。

以我们模仿美国线下商超中的一个小品类瓷砖贴为例，当时我们发现这个产品后，就开始分析这款产品所有款式的形状版式、色系、元素等，同时在竞品的版式和色系基础上增加了釉面裂痕效果，起到视觉上更贴近真实釉面瓷砖的效果，还在竞品版式和高流量词"蓝色瓷砖贴"的基础上，做出了青花瓷瓷砖的视觉效果。

"跟"完版式、风格后，我们的第一批产品并没有大量备货，每款只备了40套，然后在亚马逊平台上架了5个款式的产品，并运用与竞品相同的广告匹配方式，投入了同样的广告费用，然后对比5个款式产品的客户浏览量、点赞量、评价量、成交量及产品评分等。最后发现，我们的青花瓷款式产品最受客户欢迎，很快便成为几款产品中的佼佼者。

于是，我们对青花瓷款瓷砖贴产品增加备货，开始测试同款产品运用不同的广告匹配方式和广告出价，看哪一种方式的性价比更高。最后，我们又准备了几版产品的头图和详情图，来测试同样的时间长度与广告投入，看哪一版产品图更吸引客户。

经过以上几轮测试，我们基本确定了自己的优势产品，随后通过不同的渠道，在市场上全面推出。

以上这套打法，可谓外贸企业推出新品最快捷、最有效的方法。通过将产品原型直接给客户试用，快速检验出自己的创新性假想是否有效，是否还需要改进和创新，以及如何改进和创新。哪怕我们初期推出的产品很不完美，不完美到连自己都感到尴尬，也要勇敢地迈出这一步。

2010年，我们模仿日本明和的静电玻璃贴膜做出了同款产品样品，大家都认为没有市场，根本卖不起来，因为它看起来完全跟美不搭边，不仅光泽度差，表面还皱巴巴的，谁会花钱买这样的产品呢？但是，我却成功地把样品卖给了欧洲的客户。因为在产品测试过程中，总会有一些敢于"第一个吃螃蟹"的客户，愿意为你的新品买单。这跟很多"苹果粉"愿意花高价购买第一代苹果产品一样，现在再回过头看苹果第一代产品，同样有很多的不完美。

正是这些敢于"第一个吃螃蟹"的客户，为我们提供了大量的产品反馈信息和改进意见。根据这些信息和意见，我们就可以不断洞察产品的不足之处，进而持续地改进和优化产品的设计、工艺、品质、功能等，提升用户体验和市场竞争力。但如果你不愿意逐步推出产品，坚持完美主义，总想把产品做到尽善尽美再推出，那你可能永远都没办法把产品推出去。

有一句话叫"巧迟不如拙速"，一开始推出的产品虽然不够完美，但通过快速推向市场，可以用效率赢得时间，再在产品运营过程中逐渐完善，逐渐占领市场份额；而过于追求产品的完美，却十分缓慢地上市，只会拖慢了效率，拖黄了生意。

而且，初期推出的产品在测试时，也不一定非要赢得大量客户的好评后再推向市场，你只要找到产品最本质的核心——满足客户的需求，解决客户的痛点，它就可以成为客户的刚需，也就可以推出来。

比如我们推出的静电玻璃贴膜产品，初期时就有很多不完美，但这些不完美与解决主要矛盾相比都是微不足道的。只要它贴上去后能帮客户遮挡隐私，或者遮挡光线，揭下来时又不会弄脏玻璃，它就是一个很好的产品，就能赢得一定的客户认可。只要有客户认可，我们就有信心继续做下去，持续地改良和优化产品。我们的爆款产品，基本都是这样一步步不断测评出来的。

"怼"：集中火力打造绝对优势

外贸企业想要吸引客户主动寻求合作，离不开好产品和好价格，更离不开好的推广策略。推广不仅仅是宣传产品的重要手段，更是提高产品知名度和市场占有率的关键。如果你有好产品、好价格，却没有推广策略的强力支持，也很难在海外市场打开局面。

在产品推广方面，我们的策略全部围绕一个字展开，就是"怼"。**"怼"强调的是聚焦思维，也就是聚焦产品的核心竞争力，集中资源和火力全力以赴地打磨产品品质、优化性能，然后在市场局部地区形成绝对优势，以多打少，从而获得确定性的成功概率**。简而言之，通过前面的"跟"和"测"，产品已经成功推向市场，接下来要做的，就是集中各种资源，通过各种策略，增强产品在市场上的影响力，使产品能够获得绝对竞争优势，快速占有细分品类的市场份额。

关于"怼",我认为我们可以从三个方面来进行。

首先是"怼"款式。

我们在模仿美国的竞争对手做彩绘玻璃贴膜产品时,在做完前期的"跟"和"测"之后,接下来就开始"怼"款式。当时客户一年只推出一个款式,我们一下子就推出 50 个款式,并且**专人专项专职,一人一品一店(一链接),用绝对优势与对方对打,占据平台坑位。**客户只要对这类产品有需求,不论是要哪种款式的产品,我们几乎都可以满足。

2023 年后半年,我们在各个平台"怼"上产品进行销售,到年底的总销售额只有 6 万元人民币。但到了 2024 年,我们全年的销售额就达到了 600 多万元人民币,增长幅度超过了 100 倍。

不过,这并不是我最重要的目的,我需要的是进军 B 端市场。由于产品已经逐渐打开市场,很多批发商、跨境买家和海外品牌商便主动找到我们来购买产品,其中也包括一些小批发商。我们对 B 端客户几乎是来者不拒,小批发商也照样"怼"上产品,每个批发商各自代理几个不同款式的产品,互相之间形成竞赛但又不会厮杀的状态,共同做好一个品类,形成一个良性的生态圈。这个模式又快又稳,是一种共赢方式。这样我们就能把这个产品的品类市场全部锁住。

很多外贸企业在市场布局上没有真正理解 B2C2B 的商业模式,所以在做推广时束手束脚,感觉卖也不是、不卖也不是,没有平衡好批发商与零售商的利益，导致批发商与零售商相互博弈、相互竞争，最终失去了新品的最佳推广时机。

其次是"怼"推广策略。

推广策略是针对市场趋势与消费者需求，为产品量身定做推广方案，制订出合理的销售计划。关键在于，你的推广策略也要照着竞品公司的推广策略来"怼"。

由于前期我们已经对产品做过了全面的市场测试，知道竞品公司是通过哪些渠道推广产品，以及哪些渠道的推广效果更好，所以这时我们完全可以全力以赴，将自己能够用上的资源全部"怼"上去，直接面对竞品，与对方展开对抗。

我们在推广瓷砖贴时，就对测试出来的产品款式和高点击、高成交的头图开设了多个性价比更高的广告组。通过持续的广告推广，不断增强客户对产品的认知、兴趣、接受度，提高成交量。在产品上架的前三个月，销售额每个月的增长都超过100%。有一款产品在上架第一个月，便进入小类目产品销量榜的第61位；另一款产品则在上架的第二个月，进入到小类目产品销量榜的第28位。

在这个过程中，我们也需要定期对每个渠道中的每一类产品的销售情况、客户反馈信息等进行详细的整理和分析，了解各个销售渠道的表现情况，从而精准地定位出优势领域和最佳销售渠道。

最后还要"怼"品质。

任何形式的销售，都是要将优秀的产品从制造端传递给销售端，如果产品品质不给力，再优秀的布局和策略也无法真正稳定客户、维系客户。

2018年，我们获得了一个很重要的行业客户信息。经过背调发现，这是个日本客户，不但十分专业，所需要的产品与我们的产品匹配度也非常高，可以称得上是个"完美型女友"，于是我们开始疯狂追求。

我们的商务开发业务员能力很强，很快就联系到客户，并上门拜访，互相建立了良好的关系。大家知道，日本人选择供应商十分谨慎，但他们还是选择了相信我们，并把一款颇有市场潜力的新品地板贴交给我们来做。因为是新产品，我们必须重新去打磨供应链。

一个月后，我们认为找到了匹配产品，业务员便动身前往日本找客户逼单。过程比较顺利，双方当场就签下了两个柜的订单。

然而，世界上没有随随便便的成功。很快，我们就发现这个订单品质出了问题，而客户方因为是第一次跟我们合作，对产品品质要求也出奇地高。我们的采购人员是第一次接触该类产品，在品质把控上面出现纰漏，导致了很多意想不到的问题。在日本客户身上，品质就是个死结，是一条不可逾越的底线。最终，客户跟我们解除了合同，我们也很遗憾地失去了这个极具潜力的好客户。

经过这次教训，我们对产品品质的把控更加严格，对客户反馈的产品改进信息也是第一时间跟进。比如，有产品在使用时可能会出现卷边、贴不住的情况，这一般是材料的问题，那我们就积极寻找更好的材料，替换原来的材料；有的产品可能会出现油墨耐候性不足，导致日晒后容易剥落，那我们就解决油墨的问题；有的产品图案拼接不对称，图案裁切不完整，那我们就解决剪裁的问题。总之，就是尽最大的努力，争取把每一个细分品类的每一款产品品质都打磨到极致，对每一个品类都要建立自己的质量标准和品检标准。

对一些想通过捷径做外贸的老板来说，我这套"怼"的打法可能有些烦琐。包括我们自己团队里的人，也曾向我提出疑问，比如说"怼"款式时，就提出我们没必要搞那么多款，别人只有一款产品，我们搞10个、20个款就可以了，为什么一下子搞50个呢？

在我看来，人家是先行者，可能已经在我们前面耕耘了几年甚至十几年。我们这个后来者如果不采用"怼"的方式，不全力以赴、拼命追赶的话，拿什么与人家竞争呢？既然要"怼"，就要在各方面都"怼"到极致，拿出不撞南墙不回头的决心来，才有可能赶上对手，有资格与对手展开竞争。而不是还没开始对打，就被对手拍死在了沙滩上。

第四章
利用组织力，连接产品与客户

有人说，企业的问题，一半是业务，一半是组织。业务问题的本质是经营，组织问题的本质是管理。

对于外贸企业来说，业务问题的确重要。当业务因为市场、销售、质量、服务等原因不能更好地满足客户需求，不能带来充足的利润以覆盖成本时，就会产生经营问题。

然而，中小型外贸企业并不适合将一半问题归结于组织，更不适合在组织上过度用力。组织应该是帮助企业打通产品与客户通道的一种支撑，就像太极图中间的那条线一样，维持着图中阴阳两部分（产品与客户）的平衡。哪一面过强或过弱，都需要组织这条"线"来进行协调。

外贸经营六字诀：客户、产品与组织

如今一些外贸企业，特别是中小型外贸企业，有一个非常明显的问题，就是一年到头都在招聘业务员。这些企业招聘的门槛比较低，能给到业务员的工资也很低，并且三个月为一个周期，三个月内也不提供培训和成长帮助，能做出业绩就留下，做不出业绩就清退。这些外贸老板心里盘算的都是：反正三个月的工资也不多，走了再招聘新人，自己也不吃亏。

我认为这种做法恰恰是做外贸最大的忌讳。如果一个企业人员流动性过大，就会对团队的稳定性和归属感带来很大的冲击，团队没有凝聚力，也就谈不上积极性和忠诚度。但如果你想以传统的升职加薪方法留住员工，效果可能并不理想，因为相比于升职加薪，现在的年轻人更在意的是企业能不能给他们提供适度的空间、自由和安全感。这些通常来自企业与员工之间的相互信任，而不是彼此博弈。有了相互之间的信任，员工才愿意与企业共同成长、共同发展，才能给企业带来更多的回报。

有的外贸老板可能会说：那我搞组织建设行不行？我积极打造组织文化，推行企业价值观，用这种方式留住员工，提高员工的忠诚度。

在我看来，**真正的组织并不是要搞什么组织建设、组织文化，"组织"应该是一个动词，是让你运用科学的方法，帮助客户更加顺利地找到你的产品，或者让你的产品能够更加匹配客户的需求。而组织，则应该是连接产品与客户之间的一种商业模式支撑。**

这就像是一张阴阳平衡图一样（如图4-1所示），产品与客户分别代表图的阴面和阳面。有时阴面过大，企业产能过剩，供大于求，客户需求不足或销售不给力，企业就要通过组织的力量，

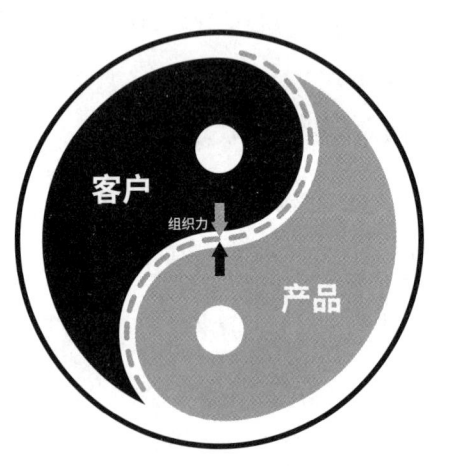

图4-1 "客户—产品—组织"关系模型图

调整业务去开发资源和维护客户，积极拓展客户资源；有时阳面过大，客户过强，产品匹配能力差，企业同样要通过组织的力量，调配技术资源，尽快提升产品能力，以满足客户的更多需求。

从这个角度来说，组织就像是图 4-1 中间的线条一样，始终维持着产品与客户之间的平衡，推动着企业稳固地向前发展。对处于不同发展阶段的外贸企业来说，组织所提供的支撑作用也不尽相同，但三者一定是相辅相成、谁也离不开谁的，所以，我也把"组织、客户、产品"三者归纳为外贸企业经营的六字诀指南针。

作为外贸企业的一把手，老板的工作就是三件事：**第一件是找到客户，第二件是做好产品，第三件是利用组织力，找到客户与产品之间的连接点。**其中，客户是核心，产品是基础。能够找到目标客户，同时做好产品，并找到两者之间的连接点，把产品顺利地送到目标客户手中，这时你会发现，你的组织模型就会活起来，企业也可以顺利地运转起来。

那么，外贸老板怎样做好这三件事呢？

首先，到客户中寻找和发现机会。

很多外贸老板觉得，寻找客户、拜访客户都是业务员的事，自己只负责坐镇指挥就行。我认为，抱着这种观点很难做好外贸。

外贸老板的首要工作就是拜访客户。这样做一方面可以让你更直观地把自己的企业实力、产品优势等展示给客户，树立客户对你的企业和产品的信心，让客户知道你的产品好在哪里、他为什么要选择你的产品；另一方面，你可以在拜访客户、与客户交流的过程中发现很多新的机会，而发现机会就是外贸老板的天职。

我有一个合伙人Jason，之前在我们深圳分公司担任副总经理。后来他回到杭州想自己创业，我积极支持。我们深圳分公司主要做宠物用品，他也看好这个品类，想继续在这个品类中开拓一个新赛道，于是就在亚马逊、谷歌等网站搜索，看哪些品类在国外市场卖得好，最后选定了宠物清洁用品。但是，当他把产品做出来，放到抖音国际版上去销售时，发现效果并不好，最后还亏了不少钱。

这就是没有充分调研市场，只凭以往的行业经验进行判断的结果。没有站在客户和市场的角度来选择产品，只通过自己假想的方式选出一款产品，就直接拿到市场上去验证，相当于没有做好前期的"跟"，所以后面"测"的结果也很不理想。

2024年7到8月份，我建议他和我一起去美国的宠物用具展览会和线下超市走一走，实地了解一下当地宠物产品市场的情况。在展会和线下超市，我们看到了很多同类型的产品，而且是使用更加便捷、功用更加全面和智能的产品。看完之后，我们很快便形成了一个判断：我们的产品与美国市场上在售的同类产品相比，完全是自不量力，这个战场我们根本打不进去。

然而，在展会上的一个新品展区，我们发现了一个印度小伙子售卖的一款梳毛器产品，售价19美元，销量非常火爆，好多经销商围着他的摊位订货。我们估算了一下，这个产品的成本也就1~2美元，利润非常丰厚。于是，我们主动过去跟这个印度小伙子打招呼，询问他一些关于产品的问题，很快就拿到了自己想要的信息。

回去之后，我们马上通过各个电商平台的后台信息掌握了这款产品的全部数据，初步估测这款产品在全球市场上大约每年会有4亿美元的销售体量，仅美国亚马逊平台就有1亿美元的GMV。找到标杆后，接下来我们便通过"跟""测""怼"的方式推出同款产品，到年底便突破了10万美元的销售额。

我们不能把市场当成盲盒，凭空做一个产品投入市场看好不好卖，不好卖就再做一个产品投入市场……这是撞大运的方式。而是要把主要的时间、精力和客户、市场联系在一起，在一线碰撞出智慧，最后再利用组织的作用，让自己的产品能够满足市场的需求。

其次，成为产品型的企业家。

如果你仔细观察就会发现，凡是成功的企业，老板基本上都是产品专家。比如小米创始人雷军，就是一个非常出色的通信专家。再比如腾讯创始人马化腾、比亚迪创始人王传福等，不仅是出色的管理专家，更是地地道道的产品专家。

优秀的外贸企业老板，也应该是一个产品型的企业家。我们在开发新产品静电太阳膜时,公司里有不少人反对,认为这个产品以前都没听说过,贸然开发,万一卖不动怎么办?但是在我看来,传统家用的玻璃隔热膜都是自粘的,一般都在夏季使用,用来遮挡紫外线,或者阻隔太阳的热量,保持室内温度。等冬天到来,房间需要阳光照进来时,用户想把玻璃隔热膜揭掉,却发现它很难揭掉。即使强行揭下来,玻璃上也会留下难看的痕迹。所以我认为,这款产品可以解决用户的这个痛点,一定能够卖起来。事实也证明,我的这个决策是对的,我们这款新品一经推出,很快就成了一款小爆品。

外贸老板只有对自己的产品了如指掌,同时对市场趋势和客户需求有敏锐的洞察力,才能快速响应市场变化,依靠技术优势开发和生产出满足市场需求的产品,或者将产品的设计和生产流程赋能给工厂,要求工厂做精益化生产,将产品按部就班地做出来,提供给客户。

总之,你要比客户更专业,才能引导或者吸引客户主动选择你的产品。

最后,用组织模式促进客户与产品相互验证。

在外贸活动中,一定是客户在前、产品在后,由客户需求带领产品出现。如果你不知道自己该做什么产品,就先去找客户。找到了目标客户,明确了客户需求,再开发产品时就有了方向。在此过程中,你需要不断提升自己的认知,同时组织企业所有的资源、能量，集中全力围绕客户与产品的关系展开验证，实现客户与产品之间的匹配与平衡。

虽然客户与产品之间需要维持平衡，但在外贸企业发展的不同阶段，这种平衡也是有差别的，同时组织模式所起的作用也各不相同。在下文里，我会根据外贸企业不同的发展阶段，来详细拆解客户、产品、组织这个六字诀指南针所发挥的作用。

OEM：起步阶段"听话照做"

对于初创期或较小的外贸企业来说，通常要以较低的成本和风险快速进入市场，这时就要先做 OEM 模式。

OEM 的意思是"原始设备制造商"。它是指品牌商负责产品的设计研发、市场销售等环节，而将生产制造的任务委托给专门的制造商去做。制造商则按照品牌商的要求，使用品牌商提供的技术、设计方案或品牌标识，利用自身的生产设备、生产工艺、人力等，来为品牌商生产制造产品。

举个例子，假设有一家美国的耳机品牌公司，他们已经有了自己的品牌标志、设计和技术标准，但自己没有工厂，这时可能就会选择在中国或其他国家寻找一个代工厂，由代工厂按照美国公司的要求采购原材料、组装产品，并确保最终产品符合所有的技术规范。代工厂完成生产后，会把产品打包好，贴上美国公司的品牌标签，发给美国公司，由美国公司将产品销往世界各地。

简单来说，外贸企业在这个阶段的主要业务就是代加工，用我们外贸行业的话来说，也叫"听话照做"。你不需要提任何改进意见，也不需要有任何创新，只需要按照品牌商的要求，比如材料用什么厚度、如何包装产品、如何贴标签等，原封不动地做好，你的生意就能做下去。

在处于代加工阶段的外贸企业中，组织模式的作用就是快速响应客户需求，完全按照客户的要求，一板一眼地把产品做好，专注于产品的细节、品质、工艺流程等，确保产品能够保质保量地送到客户手中。

但是，有些外贸企业连代加工也做不好，老板经常主观地认为，老外有些要求是不合理的、不科学的，甚至是不聪明的，自己的方法才是最优解，于是私自在一些产品上做改变、做创新，结果不但没让客户更满意，还有可能因此失去客户。

比如，有些外贸公司在给客户发货时，为了节约费用，往往会尽可能地在货箱内塞满货物，导致货箱很重。其实国外的工人是有劳动保护法的，搬运的每件货物不能超过20公斤。你这样做看起来像是节约了发货费用，实际却给客户增添了很多接货、运输的麻烦，甚至还增加了成本。

还有一些为国外客户做汽车配件的外贸公司，客户下单后，明确要求使用A材料。但外贸公司拿到订单后一看：这种配件完全没必要用 A 材料，根据我们的经验，完全可以用 B 材料代替。于是自作主张地调换了生产材料，结果客户验收时发现，产品根本不合格。客户很不解：明明我要求使用 A 材料，为什么你们不用呢？这时外贸公司的回答通常是：根据我们的经验，认为 B 材料也是可以的，并且 B 材料更省钱。其实他们根本不知道客户为什么要选择 A 材料，也不了解这种材料的配件是要用在什么车上，便自作聪明地把客户的需求修改了，最后聪明反被聪明误，搞砸了生意。

这些都是典型的内贸人思维。做内贸的企业往往具有很强的生产制造能力，但做外贸很难成功，一个重要原因就在于：老板总是习惯带着内贸思维去做外贸，总想着换换材料、简化一下流程，或者把包装、标签等搞得简单一些，节约一些成本，以为便宜就是对客户有益。但老外是非常有契约精神的，一旦发现你没有遵守契约，很可能立刻跟你中断合作。

所以，在代加工阶段，外贸企业只需要做好一件事，就是"听话照做"，不要试图去证明自己的实力，也不要去刻意地创造需求，客户让你干什么，你就干什么。你只需要固化一些生产流程，同时组织好企业资源，加强对品质部生产人员的培训，对相关责任人进行定期考核，坚持高标准的产品质量管理和细节流程管理，确保每款产品都能够达到客户的要求，并确保产品供应链的稳定性，让产品在交货日期内顺利地到达客户手中，你就能赚到钱。

在外贸业发展早期，OEM 模式在中国非常普遍，许多外贸企业都通过这种方式快速积累资本，提升生产能力。但是，这种商业模式的利润较薄，缺乏创新能力，与客户谈判时几乎没有话语权，企业很容易受到国际市场和订单的影响。一旦市场发生变化或订单减少，企业面临的压力尤为巨大。

2024 年，一位做户外花园五金用品的外贸工厂老板找到我，想请我帮他们做一下发展规划，看看下一步该怎么走。

这家工厂成立于 1995 年，如今已发展成为一个占地 100 多亩（1 亩约为 667 平方米）的中大型工厂。老板是一位传统的企业主，多年来一直通过国内某家外贸集团公司将自己的产品出口到美国的家得宝、劳氏等家居建材超市，业务非常稳定。虽然产品利润有限，但由于客户信誉较好，收付款也很及时，多年来一直发展得比较顺利，工厂产能和规模也越来越大，高峰期工人多达 200 多人。

然而这么多年来，工厂一直在做代加工，没有主动开拓其他类型的客户，老板也没有亲自到国外考察过市场，开发新的客户。疫情结束之后，美国市场的订单突然减少。尤其从 2023 年起，工厂每年都因为订单太少而不得不停工几个月，导致工厂营收受到严重影响。

由于缺乏自我创新能力，这家工厂已经越走越艰难，此前的代加工模式已不足以应对市场的变化。这说明，企业在OEM阶段做好之后，就要积极寻求转型和突破。因为全球市场对商品的要求不再仅仅是"制造出来"，而是要"制造好"，甚至是"制造出品牌"和"制造出附加值"。OEM阶段的外贸企业发展到一定阶段后，不能成功转型，势必会遇到致命的发展瓶颈。

ODM：发展阶段"突破创新"

近几年，很多外贸企业为了摆脱代加工生产的局限，纷纷向下一个阶段过渡，向产业链上游延伸。

所谓 ODM，就是"原始设计制造商"，是一种在代加工基础上的进阶模式。处于这一阶段的外贸企业，不仅具备生产制造产品的能力，还具备了研发能力和设计能力，能够为客户提供从产品设计到生产制造的全方位服务，并且能在产品设计和制造中融入最新的技术和创新元素，提高产品的附加值和竞争力，因此不但能比代加工阶段获得更高的利润，还能在与客户的博弈中赢得更大的话语权。

很多企业在 ODM 阶段做得都非常好，比如，小米的生态链企业就是采用这种模式，自行设计研发如智能手环、空气净化器等产品，再由小米公司对产品进行评估和筛选，选出符合其品牌定位和市场需求的产品，最后打上小米品牌推向市场。

对处于 ODM 阶段的外贸企业，我的观点是：**客户的解决方案在外贸企业手里，产品工艺的实施方案在外贸工厂手里，合二为一，即为 ODM。**

这句话怎么理解呢？

举个例子，有这样一个被所有商业杂志津津乐道的故事，一家中等规模的公司从通用电气公司购买了价值 50 万美元的个人电脑。这好像没什么特别的，但特别的地方在于：通用电气公司自己并不生产电脑。那为什么这家公司不直接从电脑制造商那里购买电脑，而是选择从通用电气公司购买电脑呢？

原因就在于：电脑制造商只出售电脑，并且电脑这种产品很多公司都能生产，而通用电气公司除了出售电脑外，还向这家公司提供自选配置、零部件、服务和融资等。这家公司在跟自己的客户通过电子化系统联系业务时，其电脑需要不间断地运行。因此，它更需要的是电脑支持服务。而且通用电气公司提供的融资服务还能使该公司获得现金支持，更好地匹配其收入与支出，帮助其启动了为期三年的技术升级工作。

所以，通用电气公司为这家公司提供的不仅仅是电脑产品，更多的是满足其需求的产品和解决方案。

在外贸活动中，处于 OEM 阶段的外贸企业就相当于电脑制造商，只能根据客户对产品的技术、工艺等要求为其提供产品；而处于 ODM 阶段的外贸企业则相当于通用电气公司，可以更加精准地识别出客户的更多需求，并根据这些需求对产品进行创新和改进，将需求转化为更加实际的解决方案，同时将方案一一落实，推动产品从概念走向市场。如果外贸企业拥有比较稳定的代工厂，不但能自己设计开发产品，还能在生产制造产品时保持一定的水准，使产品在原材料、技术创新等方面更具独特性，并且还可以确保产品的质量和所获得的利润。这种模式就是成功的ODM模式。

许多外贸企业的发展路径往往是从代加工起步，通过积累生产经验、技术能力和资金等，逐步向ODM阶段转型，开始参与产品设计和创新，提高产品附加值。在这个过程中，我认为企业要集中组织资源做好三件事。

第一，组建设计团队。

一些传统的外贸企业，在长期的OEM模式发展中，不断提升自身的技术水平和设计能力，继而逐渐尝试ODM业务，推出自己设计的产品并供给多个品牌商。在这个过程中，企业首先就要组建自己的产品设计团队，比如聘请具有国际视野的设计师，专注于开发符合不同市场需求的新产品等。具备了一定的设计开发能力，你在产品方面也就有了一定的话语权。

有一次，我们的一位客户寄来一份玻璃贴膜的花色样品，让我们照着这个样品做出产品来。我们遵循"听话照做"的原则，很快按照样品把产品做出来发给客户，让客户拿到市场上去销售。

产品上市后，销售情况很好，然而一段时间后，我们突然接到了一份侵权投诉。对方是一位瑞典设计师，称我们制造的花样玻璃贴膜产品侵犯了她的原创设计权。我们当时拿到样品时是完全不知情的，以为样品就是客户方提供的，没想到客户是拿着人家的样品来找我们模仿生产。

不过，接到侵权投诉后，我们并没有消极应对，也没有把责任全部推给客户。我立刻飞到瑞典的斯德哥尔摩，亲自登门拜访了这款产品的设计师。她见到我后很意外，说从来还没有中国公司的人来见过她。我见到她后，首先非常真诚地向她道歉，也替客户向她道歉，表示事先并不知道这款产品的原创设计者是她；其次，我也非常真诚地赞赏了她的设计，并向她发出邀请，希望与她直接合作，请她担任我们的设计师。

她见我态度诚恳，同时了解了我们公司的实力后也很满意，很快答应了我的请求。从那次见面后，我们合作了5年多，她也为我们设计了很多优秀的产品，得到了欧洲、美国客户的一致认可和好评。同时，我们在这个过程中也获得了更多与客户谈判的话语权和议价权。

第二，建立市场部。

战略营销专家高建华老师说：**没有市场部，企业永远没有发展**。我觉得这句话说得特别好。很多中小型外贸企业通常只有销售部，没有市场部，也不知道市场部该干什么；有的企业虽然组建了市场部，目的也只是找客户、推产品。这其实是对市场部的错误利用。

市场部并不等于销售部，用高建华老师的话来说，"**销售是一个一个地做客户，市场部是一片一片地做客户**"。尤其是对处于ODM阶段的外贸企业来说，如果只有销售部，那会做得非常辛苦；但如果有了市场部，你的目的就会很明确，因为市场部不仅需要对市场进行详细的调研和洞察，还需要将销售部零零散散的工作进行重新加工处理。经过市场部的调研、洞察、分析与整理后，企业就可以精准地知道自己的客户在哪里、都是谁、有多少，由此发现对自己的产品具有潜在需求的市场和客户，继而再更有针对性地设计和开发更多的新产品。

我们在进入日本市场时，开发的第一个客户是日本似鸟（NITORI）。它是日本最大的家居连锁企业，主要为日本的大型商超供货。经过努力，我们成功拿下了这个客户。通过开发这个客户，我们发现，日本市场的同类客户其实都很值得开发，因为他们对产品的需求与我们设计开发的产品十分匹配，并且产品利润相当可观。

除似鸟公司外，日本还有很多同类型的家居企业，如大创（DAISO）、天马（TENMA）等。于是，我们专门成立了一个市场部，主要针对日本市场的这些商超类客户进行调研分析。在根据调研信息，精准地筛选出一些与我们的产品匹配度较高的客户名单后，我们便立刻派业务员带着我们自己设计的产品样品前去拜访，与客户建立联系。结果，我们的产品很受日本客户的欢迎，我们也成功地拿下了一批同类型的客户。

显然，通过市场部来做客户，要比用业务员一个一个地去做客户效果强得多。尤其是企业处于ODM阶段时，要将自己设计开发的产品成功销售出去，更要发挥组织力的作用，调配资源积极进行市场开发，找到更多的潜在客户，这也是决定你能不能做强做大的一个关键因素。

第三，进行产品开发。

基于对市场的详细调研与分析，企业找到自己的目标市场与目标客户后，接下来便要实现产品与客户的匹配。简而言之，就是通过创新的设计思路与对新技术的应用，开发出多款符合市场趋势和客户需求的产品。

在我们开发的玻璃贴膜产品中，有一款是模仿日本的产品，这款产品的工艺、品质都非常好，我们花了3年多的时间才破解它的技术。破解之后，我们做的第一件事就是组建设计团队，准备在产品的设计、工艺和品类组合等方面超越日本的产品。

日本人讲究精益化，对自己的每一款产品几乎都会做到极致，在没达到这个目标之前，他们不会随便切换或拓展产品品类。为了抢占市场，我们又通过"打窝式"获客系统进行了详细的市场洞察，确定了目标客户。接着，便集中全部的技术资源，率先根据不同国家与地区客户的需求和喜好，从印刷、压纹、隔热、遮阳、降温等款式和性能等多方面拓展品类，为美国、欧洲、日本、澳大利亚等不同国家和地区的客户设计多样化款式的成品。产品推出后，我们很快就拿到了自己期望的结果。

从 OEM 向 ODM 转型过程中，外贸企业通过科学的洞察、创新的设计思路和对新技术的应用，通常都可以较为成功地开发出符合市场趋势和客户需求的产品。但在这个过程中，一定少不了组织对各种资源的协同作用，否则产品和客户就很难成功匹配：要么客户有需求，产品不行；要么产品不错，找不到或搞不定客户。只有三者完美匹配，我们才能把合适的产品卖给合适的客户，实现企业与客户共同利益的最大化。

OBM：自主阶段"品牌塑造"

有的外贸老板感觉自己在 ODM 阶段已经做得很不错，产品销量也稳定，就想做个品牌出来，提升自己的产品和企业在海外市场的竞争力，这是在向 OBM 阶段跨越，也就是升级为"原始品牌制造商"。

发展到 OBM 阶段，外贸企业不但要能够自主设计制造产品，还要能够创建自己的品牌，拥有自主知识产权、品牌和销售渠道，直接面向终端市场、服务消费者。

显而易见，外贸企业要从 OEM、ODM 跃迁到 OBM，一个重要的表现就是自身具备产品的研发、设计和营销能力。尤其是营销能力，本质是触达用户的能力，更是企业进入 OBM 阶段不可或缺的能力之一。如果你完全不想自己设计和生产产品，也可以找一些已经具备成熟产品线的企业，请他们设计和生产产品，然后直接打上你的品牌进行销售，这也是 OBM 模式。

简而言之，只要你具备营销能力，可以通过自己的渠道和方式把产品卖出去，就具备了从 ODM 跨越到 OBM 阶段的能力，甚至可以直接利用别人现成的产品和品牌，你只负责销售。这样还可以省去大量的设计和生产环节，快速进入市场，节省时间和成本。

但是，目前绝大多数的外贸企业都不具备营销能力。在营销体系中，最为经典的框架就是 1960 年由美国密歇根州立大学的杰罗姆·麦卡锡教授提出的 4P 营销理论。4P 对应四种策略，分别为产品（Product）、价格（Price）、渠道（Place）和推广（Promotion）。处于 ODM 阶段的外贸企业，可以拥有自己的产品，可能会有自己的销售渠道和推广策略，但几乎都没有价格决定权，更谈不上溢价能力，多数只能被动地向海外客户低价出售商品。一旦价格设定过高，销售量就可能降低；而价格定得太低，企业又不得不把所创造的价值让渡给客户，导致自己所占的市场份额和所获毛利率水平都比较低。面对通胀和经济下行的环境，这些企业往往缺乏较强的抵御能力，无法在激烈的市场竞争中占领高地。尤其是想进入欧、美、日等成熟市场的企业，没有定价权，想生存下来会更难。这些因素决定了企业完全拿不到生意的主导权，更无法建立起自己的品牌。

有的外贸老板提出，自己的产品在线上零售效果很好，几乎能用"销量火爆"来形容，现金流也很大，难道这还不具备打造品牌的能力吗？

我要提醒你的是，零售电商的客户根本不属于我们自己，而是属于平台。一旦我们停止在平台上投放广告，客户就会流失，销量也会立刻下降。这表明，对于消费者我们根本不具备影响力，看起来很美的销售额也只是靠广告费支撑起来的而已。

我们自己的企业现在仍然会做零售渠道，但从战略上来说，这种策略只是为了进行产品测试，不是为了直接销售。也就是说，直接触达消费者并非我们的终极需求，只是为了通过零售渠道获得产品的销售数据和客户的体验数据，完成新品的数据调研，之后还是要回到批发渠道。这个过程，就像中国有句古话说的那样：将军赶路，不追野兔。零售渠道就是那只兔子，你可以看它，它撞树上了你可以捡，但就是不能刻意去追。只有批发渠道才是我们真正的私域，做好批发生意才是我们真正的关注点。

事实上，外贸企业想做品牌，无非是希望客户记住你，在他们有需求时能第一时间想到你，把订单给到你。但你是否反问过自己：客户为什么要记住我？我的产品有什么能让客户记忆深刻的"点"吗？是我的产品有独特的优势，能够满足客户更多的需求，还是我可以帮客户赚到更多的钱、创造更多的价值？如果你对这些问题都没有明确的答案，想要成功跨越到OBM阶段做品牌是很难的。

我虽然做了多年外贸，但很少会提及做品牌这件事。在我看来，外贸企业只有先让自己的产品在同类品中树起标杆，甚至超过自己的竞争对手，能够在定价、渠道等方面拿到生意的主导权和掌控权，让你的经销商、分销商不但愿意到你这里进货，还愿意接受你的价格带分布，你才算是具备了打造品牌的基础，或者说具备了从 ODM 向 OBM 升级的实力。

难道不具备创建品牌的实力，或者还不具备上升至 OBM 阶段的条件，处于 ODM 阶段的外贸企业就不再向前发展了吗？

当然不是。我们可以通过组织现有资源，不断优化和提升自己的产品研发能力，创造差异化优势；同时运用智能化数据分析手段，持续优化市场策略，确定自己的品牌定位与目标客户群体，从而更有针对性地推出客户需求的产品，逐渐提升自己的营销能力，塑造一个代表高质量、创新和可持续发展的品牌形象，努力地向 OBM 阶段靠近。

我在跟不少外贸老板沟通时，大家经常会谈及品牌出海的问题。尤其在当前产能过剩的全球环境与国际供应链重构的浪潮中，出海似乎成了众多中小企业迫不得已却又势在必行的发展战略。在我看来，中小型外贸企业如果已经在 ODM 阶段发展得很好，做品牌出海是具有一定可行性的，而且这些企业大多会优先采用电商平台作为切入点，路径相对直接且易于操作。但这样仍然会面临一个巨大挑战，就是如何快速实现本土化，即深度融入并适应海外的商业环境，这也是决定你在国际舞台上能走多远的关键因素。毕竟任何一个商业环境，对新产品和服务的接受度都需要经过长时间的验证和积累。同时，构建自主掌控且稳固的销售网络体系和具备仓储配送能力也十分重要，这不仅能帮助你稳固市场地位，更是保障你获得长期竞争优势与可持续发展的基石。如果你尚未做好以上准备，我个人是不太建议你盲目地做所谓的品牌出海。

当然也有例外情况，比如向一些经济发展相对落后的低纬度国家出口产品，在这些国家和地区打造自己的品牌，构建OBM模式。这些国家的各个赛道、品类区分也没有那么明确，一些国际大型企业和品牌不太愿意向这些地区拓展，这就给了一些中小企业和品牌很好的切入机会。如果你能找到足够细分的赛道，凭借自己较强的品牌势能，也是有机会打入这些地区的。

总而言之，随着全球经济的不断发展和变化，中国企业在外贸领域的发展也必然要不断适应新的挑战。企业从OEM到ODM，再到OBM，这个转型过程不仅是技术、生产能力和营销能力的提升，更是管理理念和战略视野的升级。如果你的公司是正在打算转型出海的内贸企业，那就需要更加注重产品质量、技术创新和市场开拓，以便在全球市场中占据一席之地，实现可持续的发展。

别在"组织建设"上过度用力

在传统的企业管理中,"组织"通常被认为是一群人按照企业运作规则或制度流程,围绕企业使命和愿景形成的相互协作、分工明确的团体。而一个企业最大的浪费,就是组织的内耗。老板经常会觉得员工不给力,总是讲条件,满足了条件才做事,结果目标完不成,也找不到责任人;员工觉得老板只会让他多干活、少拿钱,还经常洗脑、画大饼。双方都投入了大量的资源和精力,但并不是努力满足客户需求,而是互相对抗,最终成本越来越高,连企业都可能被拖垮。

实话实说,我在10年前也很重视组织建设、价值观建设等,并且觉得阿里巴巴、华为等这些大企业的组织建设和价值观建设都非常有效、非常高大上。我曾模仿这些大企业的做法,高薪聘请所谓的外贸总监、"空降兵"来公司做管理,还定期邀请一些知名的行业大咖给我们的员工做培训、薪酬规划、性格测试、人才盘点等，目的就是试图在短时间内将业务做起来。同时，我自己还在公司里搞各种团建活动，比如举行书法比赛、徒步活动，还亲自带团队到日本参观学习……我觉得这些措施一定可以帮我筛选和培养出更多的优秀人才，也可以更好地提升我们的团队凝聚力，让我们的团队成为像阿里巴巴的"铁军团队"、华为的"狼性战队"那样的队伍，可以屡屡创造销售奇迹。

然而，这样风风火火地花了大几百万，折腾了两年后，结果几乎是颗粒无收。后来我深刻地反思这件事，我发现并不是阿里巴巴、华为的组织建设和价值观建设不科学、不优秀，而是我们的这个"单车"还没有变成"摩托"，我们的企业本质上仍然处于"小米加步枪"的战斗阶段，这时你非要给它装上"飞机大炮风火轮"，它也根本跑不动，反而还会增加它的负荷。更重要的是，这一套操作猛如虎，却与你的客户和产品没有半毛钱关系，客户还是原来那些客户，市场也没有获得太大的拓展；产品还是那些产品，也没有太多的创新和品质提升。

我在多年做外贸的过程中踩过的很大的一个坑，就是在企业的组织建设上用力过度。我相信一定还有很多外贸老板踩过同样的坑。细究起来，这种做法更像是老板在为自己的情怀买单，希望通过这种方式构建一个像阿里巴巴、华为一样的组织，建立优秀的文化体系。而实际上，这些组织与文化的特征都是与企业本身的特性牢牢绑定的。许多企业也在孜孜不倦地进行组织建设，打造企业文化,到各种大公司去学习,到阿里巴巴、华为去参观。殊不知,一家企业的文化就像一个人的性格一样,是组织的性格和习惯,是一群人如何思考、行动和做事情的总和,是企业的DNA,其他企业是很难效仿和复制的。所以我们看到,虽然有很多的企业去学习阿里巴巴、学习华为,但这个世界上永远不可能出现第二个阿里巴巴和第二个华为。

后来,我慢慢将所谓的组织建设、价值观建设、团队建设等全部取消了,而是把用在这些活动上的经费全部折算成奖金直接发给大家,这样大家高兴,我也高兴。在这种情况下,我提要求,你做到,我付你钱,价值对等,大家反而更有动力去做好自己的事情。

我并不是否定企业进行组织建设和价值观建设的重要性,但是像阿里巴巴、华为等大企业打造自己的企业文化、价值观,推行"铁军团队""狼性文化"等,都是基于企业的发展情况逐渐建立起来的。比如华为这样的企业,就需要不断地去争夺市场、拓展客户,"狼性文化"也是企业的一个真实现状的写照。而我们外贸行业的客户一般较为稳定,企业更多关注的应该是自己的产品设计能力和创新能力,以及如何更好地满足客户需求,将产品销售出去。

从这个角度来说,外贸企业组织建设的重点,**应该是如何在行业、客户和产品的维度上,通过行业洞察、客户渠道、产品定**

位等，找到自己的独特位置，打造自己特有的组织形式和价值观文化。**老板重点关注的，应该是如何在经营企业的过程中更好地发现机会、控制风险和管理成本。**

发现机会，就是学会商业洞察，找到自己的目标客户和目标市场。

控制风险，则是不要盲目地投入大量的人力和财力推出产品，而是先通过市场测试与数据监测，评估产品推出的可行性和市场接受度，以验证对客户或产品的假设，帮助企业及时发现市场变化趋势、客户需求波动及营销效果差异等信息，从而迅速调整经营策略，优化资源配置，让你的企业不至于犯重大的错误或偏离正常的方向。

管理成本，主要是做好企业预算，确定年度目标，并对目标进行拆解、确认，最后贯彻下去。做老板的要知道，你想的是一回事，员工想的是另一回事，而不同员工在行动时又会千差万别。管理成本的目的，就是要消除这些误差，让员工与老板想的、做的都是一回事，这样才能把企业的目标扎扎实实地做下去，保证将好钢用在刀刃上。

对于外贸企业来说，**客户就是阳光，产品就是向日葵，要不断调整方向，朝着阳光成长，因着阳光生机勃勃；组织就是肥料，助力向日葵不断向着阳光生长，不要成为向日葵成长的阻碍。**所以，外贸老板应该学会用发展来解决一切问题，而不是困于常规的组织建设。当你专注于自己的客户和产品，不断推出具有创新性和价值感的产品，满足客户的需求，让客户能够通过销售你的产品赚到丰厚的利润、获得足够多的价值，你的企业就能健康、持续地运转起来，组织上的各种问题自然也就解决了。做外贸就是这样，你做对了就能做强，而做大只是一个水到渠成的结果。

第五章
精益化管理，
向流程要利润

精益化管理的起源，要追溯到丰田生产方式（TPS），其核心思想简洁有力——"精简一切不必要的浪费"。这可不是一句简单的口号，它强调企业要像细心的厨师关注烹饪过程中的每一道工序一样，持续改进，不放过任何一个细节。

外贸企业的精益化管理，就是要打造好企业的"微结构"。通过构建标准化的流程管理体系，明确员工职责标准，优化工作流程，告别浪费黑洞，提升运营效率与产品质量稳定性，推动企业持续稳定地向前发展。

搭建标准化流程体系，能解决 80% 的痛点

我们经常说：正确地做事和做正确的事同样重要。在企业中，做正确的事是战略问题，而正确地做事则是流程问题。战略通常是一个动态的过程，从制定、实施再到评价，是三个不可分割的完整组成部分，这样一个战略实施的过程，本质上也是一种流程。

一个外贸企业，不管规模大小，甚至是一个外贸 SOHO（Small Office and Home Office，小型办公室），从选定外贸这个行业开始，从早期的准备工作，到开发客户、正式报价、洽谈价格、签订合同、备料生产、跟单操作、验货出货、通关报关，再到获得运输文件、收款、核销、退税完成，每一个步骤都需要认真仔细地对待，最好是制定出标准化的流程体系，给客户最好的订货体验，开启循环返单的飞轮自运转状态。

然而事实是，大多数中小型外贸企业虽然熟悉这套流程，却

对流程标准并未完全理解，往往寄希望于外招的职业经理人，觉得只要找到厉害的人来管理，就能提升整个团队的效率，帮助老板解决难题。

虽然外贸老板在这些方面花费了大量的时间、精力甚至金钱，但很多"空降"的职业经理人进入外贸企业后，并未发挥应有的作用，有的甚至只待几个月就离职了。这种现象也叫"空降即死"。

为什么"空降兵"在中小型外贸企业里很难生存下来？

一个关键性原因，就是企业缺乏标准化的流程体系，"空降兵"来了不知道自己该干什么。企业里虽然也有各个职能部门，每个部门、每个岗位上都有人，只不过这些职能部门没有被串起来。所以你会发现，老板总是在不断地开会，协调这些部门之间的问题。而"空降兵"进来之后，一方面不熟悉企业情况，但又急于树立权威，做出成绩，于是只能利用自己以往的经验来管理团队，这就很容易犯经验主义的错误，限制了自己的发展空间；另一方面又没有标准化的流程可依赖，直接就被送上"战场"处理具体的事务了，而老板又对其抱有极大的期望，觉得既然花了高薪引入"空降兵"，当然要让他发光发热，最好马上能帮企业搞定所有烂事，最好能为企业吸引来大客户，最好能给企业的产品带来创新，最好能让企业制度文化完全改观……

"空降兵"再优秀，也不可能是"全能选手"，而且就算他曾经是某个大企业的总监、副总、事业部总经理等，也不见得可以解决与管理、业务等相关的所有问题。

更重要的是，大企业分工非常细，标准化与流程化问题早已解决，每个岗位就是垂直领域的"螺丝钉"，无论头衔多高，基本还是岗位分工问题，各管各的。就像司机开车一样，"空降兵"在大厂工作开的都是自动挡的车，根本不用自己手动换挡，只要把握好方向盘就行。但进入中小型外贸企业后，他就必须手动换挡，有些中小型企业甚至还可能处于自行车、三轮车阶段，驾驶起来更容易"掉链子"。在这种情况下，如果老板还带着"全能选手"的想法去用人，最后肯定越来越失望、越来越不满意。

反之，如果企业拥有标准化的流程体系，不管是从外部招"空降兵"，还是企业原有的管理者，都可以依照流程快速开展工作，并能够减少人为错误，提升团队效率。就像大家都熟知的一条马路，虽然有时会被洪水淹没，但大家仍然知道这条路可以走，因为走着走着就又走通了。

我们在自己的企业内部系统地搭建流程体系时，曾借鉴了日本丰田、理光等优秀制造企业的精益化管理机制，逐渐从之前的粗放经营向精益经营过渡，在完善内部管理流程、打破部门壁垒，形成高效协同的工作机制的同时，持续地提高效率，消除浪费，降低摩擦系数。

经过三年的努力和不断完善，如今公司各项业务流程已逐渐趋于标准化，公司整体效率获得了很大提升。现在即使我连续几个月不在公司，公司也照常运转，几乎不受影响。因为有这套流程体系在，每个人都知道自己该干什么、该把事情做成什么样，完全不需要我天天盯着。

有人可能会问，这样的流程真的有效吗？万一有员工不遵守怎么办？

如果大家看过日本的小学生过马路，一定会发现这些孩子在过马路时有几个标志性动作：站在斑马线边上，头先转向左边看3秒，再转向右边看3秒，确定两边都没有车辆过来时，才会从斑马线上通过，并且在通过马路的过程中，还会单手举过头，提醒马路两侧过来的司机注意到自己。

这些孩子为什么能这么"听话照做"？就是因为日本教育流程的设计。在日本小学教育的初期，老师一般不会先教孩子学习认字和加减法，而是教他们演练如何过马路看红绿灯、看来往车辆，避免发生事故，保护自己的安全。这就是从小训练出来的"流程"习惯。

企业在搭建流程体系时，除了确保流程本身的可行性之外，也要像日本教小学生过马路所设计的流程一样，尽可能地将每一个业务流程都拆解成一系列细致、简单、易于操作的步骤。员工只需要接受简单的培训，就可以熟练地按照流程操作，几乎不需要经过太多思考，由此尽可能地避免惰性的产生。

在管理企业过程中，**老板一定要顺应人性的欲望和业务的趋势来做事，这种方式叫"治"；而总经理则要逆着人性做事，用各种规范、制度来管控员工的"惰性"，这种方式叫"管"。**所以我们说"大禹治水"，而不是"大禹管水"。"治"，本质上就是一个站在更高维度综合应对的过程，你要先把自己的势能抬起来，顺势而为，形成大家都遵守的规范，然后再从细节上去管控、去做加减法，去除障碍，让"水流"更顺畅一些。

我们在企业中搭建的流程体系，其实就是一种"治"的模式，先按照大多数人的习惯或主要趋势建一条马路，大家先这么走着。走顺了之后，就在马路上设立红绿灯，一旦有人走路时闯了红灯，那就要用制度管一管，逮住后处罚一下，这就是在"管"。通过这种方式，我们就可以及时把流程中的一些小问题、小事故逐渐清除掉，不至于引发大的事故，企业运转也会更加高效，这就是"理"。

真正能够持续赚钱的外贸企业，一定都有流程体系的支撑，再加上自身拥有的客户资源和产品能力，才会源源不断地创造利润。大多数外贸企业看起来在赚钱，其实都是老板一个人在赚钱，老板既要"修路"，又要当"交警"，还要控制"红绿灯"。哪天老板一离开，业务就堵车了，企业基本也就倒闭了。

能够持续赚钱的企业，更像是一台自运转的机器，即使老板不在，甚至换一个老板，企业照样正常运行。这就像《道德经》

中所说的"太上，不知有之"，员工根本不知道真正的老板是谁，只要把自己该做的事情做好，企业就能运行下去。像可口可乐、耐克等大企业，我们可能根本不知道他们的老板是谁、总裁是谁，但这些企业依然位于世界前列，消费者依然热衷于购买他们的产品。这才是真正厉害的企业。

PDCA 循环，发现有价值的失败

在管理企业时，外贸老板总会遇到这样一种情况，就是某类问题反复出现。明明问题出现时已经快速解决了，但不久后这类问题又会出现。如此反复，耗费大量的人力物力。

为什么不能一次把问题解决彻底呢？

因为你没有深入挖掘并发现问题的根本原因。真正想消除问题，就必须找出问题的根源，从根本上消灭问题，而不是仅仅解决问题的表象。这就是日本的 A3 工作方法论。

A3 工作方法论也被称为 A3 报告法，是由日本丰田公司开发的一种精益化报告方法，用于呈现问题解决的过程和结果。之所以发明这种方法，是因为被称为"生产管理教父"、曾经管理丰田公司的大野耐一特别不喜欢超过一页的报告，于是大家就用图表的方式，把问题的描述与分析、目标设定、应对措施，以及执行计划等问题解决的几个步骤，囊括在一张 A3 大小的纸张上，再拿给大野耐一看,这样的报告就会逻辑清晰,重点突出,一目了然。

A3报告法的底层逻辑,其实就是PDCA循环工作法。这种方法是由美国质量管理专家休哈特博士首先提出,然后由另一位美国质量管理专家爱德华兹·戴明博士采纳、推广起来的,也被称为"戴明环"。但戴明博士在美国推行该方法时,大家都不认同。于是,他把这一方法带到日本,没想到深受日本企业家的欢迎,很多人都是搬着小凳子跑去听戴明博士的培训课。这些参加培训的人后来也成了日本企业界的精英,其中就包括大野耐一。

PDCA循环(如图5-1)是将质量管理分为四个阶段:计划(Plan)、执行(Do)、检查(Check)和处理(Act)。它不仅可以应用在质量管理体系,还可以用于其他循环渐进的管理工作。其核心就是,做任何一件事都应该有明确的目标和计划,并且照

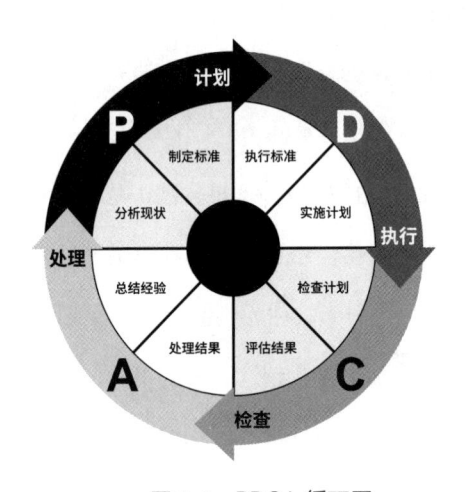

图5-1 PDCA循环图

此执行，在执行过程中随时检查和分析情况，及时发现并处理问题、总结结果，从而对下一步的计划产生积极的影响。简单来说，它是一个闭环管理系统，也就是要做到"开始有计划，事事有闭环"。

值得注意的是，PDCA 循环是一个阶梯式成长和进化的过程（如图 5-2），一个循环运转结束，会推动下一轮的问题识别与能力提升，它并不是一次性的。在这个过程中，我们要积极对检查总结的结果进行处理，对成功的经验加以肯定并适当推广和标准化；失败的教训则加以总结，未能解决的问题就放到下一个 PDCA 循环里，由此形成一个个的 PDCA 循环。

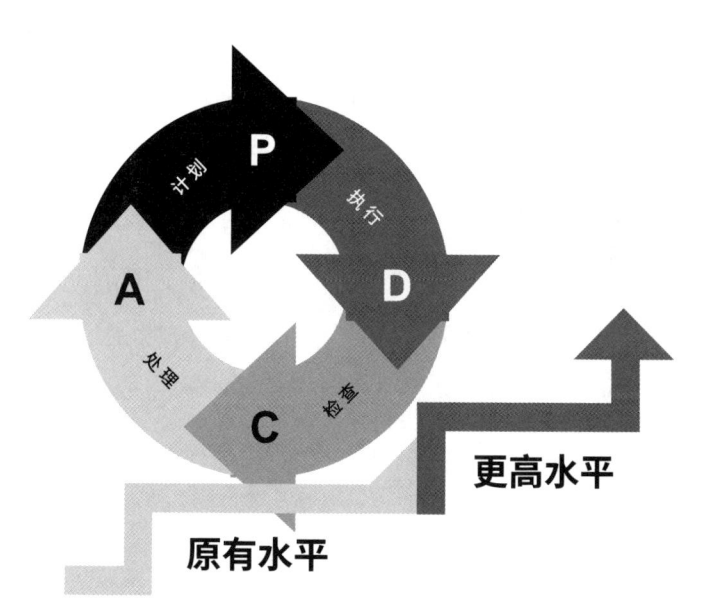

图 5-2 PDCA 阶梯式成长和进化过程

在外贸企业中,我们就可以利用A3报告法和PDCA循环工作法来处理一些问题。

举个例子,我们有一款彩绘膜产品,有一段时间退款率比较高,我们就用A3报告法和PDCA循环工作法来分析原因,最终找到了降低产品退款率的方法。

首先是分析现状,也就是目前我们自身存在的问题。通过分析市场上同类型的产品数据发现,我们这款产品的好评率在近一年内有所下降;接着又把这款产品的销售数据与之前的销售数据对比,发现我们旗舰店历年全店的退款率平均为10%,而这款产品在最近半年的退款率为16%,较过往平均值高出6%;并且在5~7月份,该产品的平均退款率更是达到20%,远高于其他品类。退款率增加,势必影响销售额的提升,同时也增加了货损成本。

接下来是根源分析,也就是找出以上问题出现的原因。经过详细分析,我们分别从产品详情、设计、客服、质量和服务五个方面找出了不同的原因。比如在产品详情方面,存在的主要问题是风格品类不清晰、实物效果与图片不符、缺少浮雕玻璃的质感、玻璃适用性说明不突出等;在产品设计方面,存在的主要问题是产品设计风格与中国家庭装修风格不搭等。这些问题都可能导致客户退款。

找到问题根源后,接下来就可以运用PDCA循环法来解决这个问题。

第一步是设立目标（Plan），并且目标一定要量化。比如，我们要在多长时间内将退款率降低到多少。

第二步是寻找可行的方法和路径（Do），这也是整个A3报告里面最核心的部分，需要针对根源分析中出现的问题，以及如何达成目标，并对目标进行拆解。比如，针对"风格分类不清晰"这个导致退款的原因，就可以制订一个具体的行动计划，如按照使用场景对产品进行更加清晰的分类等。同时根据行动计划制订具体的行动措施，并积极执行，让计划一步步落地。

第三步是对执行效果进行确认或检查（Check），也就是在所有的解决措施执行完成之后，负责人要对执行的结果进行确认，看目标是否也已经按时完成。

第四步是对总结检查的结果和反馈进行处理（Act），分析其中哪些是成功的经验，明确效果，并予以标准化，便于以后工作时遵循；哪些是失败的教训，从而引起重视。而对于没有解决的问题，则进入一个新的循环：分析现状，找出原因，制订计划，再次执行……直到效果确认，目标完成。

以上就是一个完整的A3报告法和PDCA循环工作法的流程。通过这个流程，我们可以挖掘出问题出现的根本原因，找出都有哪些因素导致了失败。**我经常把这种失败称为"有价值的失败"，尽管是失败，但它却可以为企业带来宝贵的经验和教训，促使外贸老板进行深入的反思和总结，进而调整和优化企业的战略与运**

营策略，避免后期再重复同样的错误。

在这方面，日本的很多企业可谓是做到了极致，非常值得我们学习。比如，丰田公司就曾独创了一套在车间内运用的"安灯"（Andon）拉绳的声光多媒体多重自动化控制系统，也是一套专门为汽车生产、装配线设计信息管理和控制的系统，主要用于车间现场的目视管理。

简单来说，它就是在关键的生产工位上设置一个拉绳开关或按钮和一个告警灯，当该工位的操作员发现问题时，立刻拉动拉绳或按下按钮，告警灯亮起，表示该工位负责的流程出了问题，需要相关人员前往处理。随后，相关人员（如工段班组长）会立刻赶往警告灯亮起的工位，与操作员共同临时确认和解决问题。如果问题被解决，则关闭安灯，继续恢复生产。

由于整个生产线是匀速稳定运行的，每个工位设置的通过时间固定，如果在这个工位的固定时间内没有解决问题，问题则会被流水线传送带"运送"到下一个工位，并且自动停止，直到问题解决。如果问题仍然不能在设置的时间内解决，他们甚至会停下整条生产线，直到问题被完全解决后，才会再拉动灯绳恢复生产。

这种做法一方面可以及时处理生产过程中出现的各类问题，不至于使问题被拖到生产线的最末端；另一方面，问题的传递其实也是压力的传递，为了避免因单一问题而导致整个生产过程中断，丰田人必须持续改善生产过程，减少问题重复发生的可能性，从而不断提升生产效率。

丰田人的厉害之处就在于持续改善，每当安灯亮起，大家就知道改善的机会来了。而且这种改善并不是表面上"形式"的改善，丰田会追根究底，一定要把问题最深层的原因找出来。比如，他们会通过"五问法"（连续以五个"为什么"来发问）挖出根本原因，直到把根源问题挖出来、解决掉为止。

大野耐一就曾经通过"五问法"找到了车间停机的真正原因：

问题一：为什么机器停了？

答：因为机器超载，保险丝断了。

问题二：为什么机器会超载？

答：因为轴承的润滑不足。

问题三：为什么轴承会出现润滑不足？

答：因为润滑泵失灵了。

问题四：为什么润滑泵会失灵？

答：因为它的轮轴耗损了。

问题五：为什么轮轴会耗损？

答：因为有杂质跑到里面去了。

经过以上连续五个"为什么"，最终找到了机器停止的原因和真正的解决办法：在润滑泵上加装滤网。

大部分人可能问完第一个问题就草草了事，匆匆换个保险丝就算把问题解决了，其实真正的问题根本没有解决。

你看，这种在流程中出现的失败，是不是就是"有价值的失败"？它可以帮你找到问题的根源，再从根源上解决问题，使问题不再重复出现，最终也令整个流程的效率都获得了提升。

诚然，我们可能无法完全学会丰田的流程体系，毕竟目前世界上还没有哪家企业能像丰田一样，系统、高效、持续地"打怪升级"，在提升质量和控制成本上占据优势。但我们可以学习丰田"持续改善"的行为和不断优化流程体系的思维，就像哈佛商学院的史蒂文·斯皮尔博士总结的那样："丰田的业绩不是源于精益工具和方法，而是源于丰田的行为习惯——通过不断地试验而持续改善，事实上那些工具和方法都是这些行为习惯的产物。"

利用协同工具，实现项目高效闭环

前几天一个外贸圈的老朋友给我打电话，说了这样一件事：他手下的业务员在给海外客户发货时，不小心把地址写错了，导致货物丢失。一个月后，客户没收到货物，就投诉了他的企业，这时他才知道业务员把货物发错地址了。

他问我，该怎么处置这件事？是让业务员承担全部损失，还是只承担一部分损失？

这件事中，企业肯定首先要给客户重新安排发货，维护好客户利益；其次再考虑处置业务员的问题，但不论让业务员承担多少损失，都是不太合适的。我建议他在业务员心理能接受的前提下，小惩大诫，从绩效、奖金和提成上扣除一部分算作赔偿，剩下的大部分损失还是企业承担。

这件事再一次印证了外贸企业建立标准化流程体系的重要性，企业的任何小问题发生，都应该有对应的标准和流程可以参考执行，这不仅能提高工作效率，还能更好地避免类似错误的发生。

在这方面，零售电商的经验很值得我们借鉴：每次有顾客下单后，系统的对话窗口中都会弹出一个"请确认收货地址"的内容，让顾客来选择确认；在发货后，系统还会自动更新运单单号、状态等，提醒顾客留意；到货后，则会提示货已签收，再一次让顾客确认。

在外贸批发业务中，我们也有必要树立这样的标准工作流程。即使是老客户，只要隔了一段时间没有下过单，再下单时企业都要在发货前确认一遍地址；其次，在发货后，要第一时间给客户更新运单单号、状态，提醒客户关注；最后，在货物被签收后，也要第一时间跟客户确认，货物是否已经收到。

但是，百密中也可能会有一疏，在人为操作时，一旦某个环节出现失误，就有可能造成较大的损失。这时如果运用一些标准化的流程工具，能够清晰地展示出团队内部的任务分配、工作委派、项目进展等情况，流程中的每个人就能轻松地把控项目的进展情况，而不至于因为需求不明确、沟通不顺畅、管理不到位等引起项目失控，老板也能实现有始有终的闭环管理。

现在有很多数字化的管理和协同工具可以帮助外贸企业解决以上问题，比如我们现在使用的是阿里巴巴集团旗下的一款数字化协同工具 Teambition（缩写为"TB"），它就是以项目为单元的一款团队协作工具，提供了包括任务、分享、文件、日程等多种基本应用和丰富的插件功能，可以很好地储存工作流程中的相关数据，以及方方面面的文件等，记录项目推进过程中的每一步操作。

在 TB 中，每个项目都有自己的"生命周期"，没有任何变化、任何流转的项目，不能称之为一个"项目"。立项的目的，就是通过迭代的方式完成一个需求。每个项目也都是通过将大目标拆分成一个个极小的需求来完成，每一个需求也都有自己的生命流转周期。这些需求体现在 TB 上，就是需求待处理、开发中、测试中、未完成或已完成等状态。通过这种标准的项目化管理，团队规划的工作目标就会更加清晰，项目目标被拆分后，再分配给每个成员，并可以对某些需求设定优先级。如果对项目内容有任何跟进或疑问，还可以留言或直接发起视频会议讨论。同时，不同需求之间还可以形成关联，从而轻松地把控每一个项目、每一个需求的进度，实现有始有终的闭环管理。

举个例子，假如我现在突然产生一个关于产品设计方面的想法，想安排设计部的人去处理一下，以前我可能会用微信发一段语音，或者写几句文字发给对方。但这样做通常会有两个风险：一是我突然被其他事情打断，忘记了这件事；另一个就是设计部员工收到我的安排后，因为正在忙其他事，忙完后也忘记了这件事。我们很可能都不会"主动"想起来。

如果用TB来帮忙的话，我就可以直接在TB中新创建一个"任务"，设定好3W（Who，谁来做；What，什么任务；When，什么时间完成）。设计部员工收到"新任务提醒"后，就可以将这个任务从"待处理"泳道拖到"进行中"泳道。"泳道"是协同软件中的"黑话"，意思就是一个一个的步骤，就像泳池中一条一条的独立泳道一样。所有TB中的任务，最终呈现出来的只能是被完成或被取消，但不会被忘掉。这其实也是一个自动化的PDCA循环过程。

我们的很多产品在研发管理过程中，都是在TB上展开完成的，从客户需求到产品设计、开发、测试、反馈，形成闭环。每一款产品启动后，所有组员可以同时在该产品的项目空间中浏览与产品有关的信息，并对其中的某些问题展开讨论。在研发过程中，产品的每一个需求或不足状态也都可以在流程中清晰地呈现出来，研发进展如何、是否可以验收等，也会实时展现出来。如果需要针对某个需求进一步交流获取补充信息，只需要在评论区@一下相关人员，评论内容就会被推送到钉钉，相关人员则通过钉钉消息快速跳转到对应的任务参与沟通讨论。研发完成后，由研发部确认产品是否符合标准、TB看板任务是否可以完结等，以此形成整个操作的闭环。

对有些外贸企业来说，部门墙厚重，协作障碍大，企业的目标无法落地，就可能跟不上瞬息万变的市场。而采用TB协同工具作战，从目标到执行，再到全量在线，就会让目标的实施过程更加透明化、可视化，并且能让其中的每一项工作都件件有着落、事事有回应。因为 TB 的协同不是以沟通为主线，而是围绕着"事件"协作，这就会使工作变得更加聚焦、有始有终。当这套流程打顺之后，我们可以将其固化下来，形成企业的 SOP（Standard Operating Procedure，标准操作流程）体系，让流程中的每一项工作都按照标准模板复用执行。

除 TB 之外，我还建议大家要尝试使用更多的协同工具，助力自己的企业进行流程化管理，实现项目的高效闭环，提升企业效率，未来一定会出现对海外员工、外包团队的同步管理。

其实，这些协同工具对中国的中小企业来说不仅仅是一种技术，更是一种新型的工作哲学，即学会利用系统的力量，让每个人的每一分努力都创造最大的价值。我们经常说，**岗位是让别人知道你在做什么，而流程是让你知道别人在做什么。**拥有标准化的流程体系，每个人在每一段流程中的职责就可以清晰完整地展现出来，不但员工能知道自己的上下游对项目的完成情况，老板也能快速精准地了解到每个项目的进展情况，而不至于把大量的时间和精力浪费在有关细枝末节的无效沟通、重复沟通上，从而将更多的精力放在企业的经营发展上面。

"绩效致死"：打造科学的薪酬体系

在外贸圈，有两类外贸老板很痛苦。

第一类，狠抓业绩，认为只要业绩上去了，一切都好说，该给员工的都愿意给。可问题是，业绩就是上不去！

第二类，慷慨解囊，该给员工的也都给了，结果员工还是不满意，留不住人。老板很憋屈：现在的孩子呀，你到底要咋样？

为什么会这样？

根本原因就在于，你没有标准化的流程体系，将绩效与薪酬结合起来。只抓任何一个方面，都不能解决问题。

如今，几乎所有的中小型外贸企业对绩效考核的重视程度都已超过了以往任何时候，尤其是"70后"创办的外贸企业更是如此。比较普遍的现状是：绩效考核主要针对外贸业务员或跟单员设定，以利润或销售额的一定比例作为业绩提成；对销售目标和提成比例的设定，基本都是老板说了算，老板可能也不知道设定多少最合适，如果去年的销售目标是 100 万元，那今年就定 120 万元吧；人员的招聘和薪酬设定缺乏合理的依据，当老板认为公司人手不够时，就决定招了；绩效机制经常变动，并且可能是无理由的，业绩好也变，业绩不好也变，结果容易导致员工心态失衡……

曾经在通用、宝马、福特、克莱斯勒四家全球顶级汽车公司中担任高管的鲍勃·卢茨，在所著的《绩效致死：通用汽车的破产启示》一书中指出，企业"成功的原因各种各样，失败的原因却总有相同之处——比如过于追求短期效益，只盯着眼前的大馅饼。那些馅饼，终有一天，会一个又一个变成陷阱"。作为实力长期稳居全球汽车制造商前三名的美国通用汽车，2009 年因财务状况严重恶化而被迫申请破产。鲍勃·卢茨认为，通用汽车倒闭的重要原因之一，就是绩效管理制度的过度实施，导致产品创新和品牌形象受损。

通用汽车在鼎盛时期，权力中心是设计中心，以产品品质、设计水平为导向；后来权力中心逐渐转向了财务中心，产品品质、设计水平以及消费者满意度等要素，也都要服从于财务绩效指标。而财务绩效考核的重要内容就是成本控制，研发部门为了在考核中过关，就会相应地削弱申报预算，导致产品的工艺、设计水平、品质等都明显落伍于当时的竞争对手。于是，一辆辆平庸、丑陋，仅仅符合最低安全标准的汽车从生产线上走下来，卖给那些对通用品牌推崇备至的消费者们。结果可想而知，后期各类问题频频出现，极大地损害了通用汽车在消费者心目中的高端品牌形象。

因此，鲍勃·卢茨认为，企业应该由业务主导，而不是财务绩效主导。财务绩效主导的经营模式会导致企业创造力低下、产品研发投入缩水等问题，最终侵蚀企业核心竞争力；而业务研发才是长远的发展之道。

客户不稳定，或者产品质量不达标，卖不出去，企业利润受到影响，你再怎么搞绩效也没有意义。这就是1和0的关系，客户和产品是"1"，有了"1"，后面的"0"才有意义；没有前面的"1"，后面有多少个"0"都是无效的。

那么，在有了客户和产品这个"1"之后，后面的"0"怎样才能越来越多，让整体的数字越来越大呢？

这时你就需要考虑绩效问题和员工的薪酬管理等问题。

传统的外贸行业遵循的基本是"底薪＋提成"的薪酬体系。根据产品不同，底薪与提成的标准也不同，但总体上来说，一般采用的都是"低底薪＋高提成"模式，业务员底薪不会很多，仅够解决温饱而已，想要高收入就要努力创造业绩，拿到提成。

然而，随着外贸行业高速发展时期的结束，撅着屁股捡钢镚的时代也过去了。越来越多的外贸老板发现，再继续沿用传统的"低底薪＋高提成"模式已经不适用了。

要让你的薪酬体系真正发挥效用，就要让所有的绩效考核都建立在具体数据的基础之上，而数据的来源就是财务。通常来说，中小型的外贸企业，尤其是在创业初期，基本会忽视财务的重要性，总认为销售是最重要的。这其实是中小型企业的一个巨大误区。因为一个创业企业，如果没有稳定的财务流程和财务数据作为支撑，那么所有的决策和依据都是经营者的"拍脑袋"行为。这样发展下去，就会导致企业陷入一种"感觉总是有利润，但就是看不到现金"的状态，而员工的工资、提成、奖金等又必须支付。更要命的是，你设定的绩效考核标准又得不到员工的认同，于是你又指责员工不努力、不懂事……实际上，这恰恰是你的管理模式出了问题。

企业绩效考核的真正价值是什么？

我认为，**一切绩效和制度只有一个目的，就是将"老板想要的"转化为"员工想要的"。也就是说，我们需要先把企业内部的语言统一，才有可能达成目标的统一性**。在绩效制定方面，我们更应该透过现象看本质，找到根本的症结。而企业管理问题的所有终点，都将归结于财务问题，因为财务管理或财务思维一直是绝大多数中小型外贸企业的软肋。记得一位年产值过 2 亿元的企业主朋友吐槽：财务连成本都算不清楚，客户订单下来了，都不敢接！这就导致老板和中层员工都很疲惫。

我在 2013 年时意识到了这个问题，从那年起，我们开始帮助中层干部树立财务思维，通过培训统一他们的管理语言，让他们明白财务流程和财务指标对他们来说在业务上意味着什么，也让他们彻底弄清楚所有的财务指标来源以及合理性。虽然做到这一点很难，需要整个管理团队的共同努力，但要突破困境，就必须勇敢地迈出第一步，我们不能用战术上的困难性，去否定战略上的必要性。

通过这样的培训和统一语言方式，我认为至少可以让核心员工先理解企业的目标设定，以及为什么这样设定，设定之后对大家的业务要求是什么，需要完成多少销售额，实现多少利润，花费多少推广费用等等。同时，从另一个维度来说，根据以往的财务数据，我们也可以自下而上地帮助各部门做好本部门的运营预算。

如此自上而下，再自下而上，我们就可以找到一个平衡点，即老板与员工都认可且希望达到的共同目标，这个目标就是所有绩效考核的核心点。有了共同的目标，后期的一切行动才会有统一的方向性，每个人也可以更加清晰地知道自己的职责，以及明确自己需要多少资源可以有效地完成这个目标，同时也让每个人都知道完成这个目标后可以兑现多少收益。

第六章
数据体检，
打通财务和业务

在外贸企业中，财务是财务，业务是业务，两者好像楚河汉界，没什么关联。

财务和业务，真的毫无关联吗？

当然不是。外贸企业能不能赚钱，一个关键因素就在于业务与财务能不能有效融合。业务是企业要去创造价值，并考虑该怎么赚到钱的过程；财务则反馈企业如何赚到钱，并将其体现在财务报表上。

业务是过程，财务是结果。业财融合，就是把前端的业务与后端的财务有机地结合起来，形成一股合力，确保企业能够获得最大的回报，从而持续、稳健地向前发展。

外贸企业必不可少的数据仪表盘

我们到医院看病时，医生一般会先询问我们哪里不舒服、遇到了什么问题，但是想要确诊，往往会先让我们去做一些具体的检查，比如查血、做心电图、拍 CT 等，然后通过检查得出的数据指标综合评估我们的病情，得出诊断结论，并给出具体的治疗方案。

对于外贸企业来说，老板要了解企业真实的经营情况、财务状况等，也要像医生给患者看病一样，通过具体的数据来"确诊"，而不是只听患者口述。你不能光听销售经理、业务人员和财务人员跟你汇报，说公司新开发了多少大客户，卖出去多少产品，赚了多少钱，而是要让他们把具体的数据报表拿给你看。数据报表中有很多关键性的数据，它是不会骗人的，反映的也是企业的真实经营情况。比如，资产负债表中的数据，反映的就是企业当前的负债水平和偿债能力；利润表中的数据，记录的就是企业在一定期间内的经营情况，企业赚了多少钱或赔了多少钱。

如果光凭别人汇报，你一听：既然今年的业绩这么好，那明年我们就定 1 个亿的销售目标吧！殊不知，今年的销售额虽然很高，利润却不一定高，甚至还可能是负的。

我自己就有过这样的经历。2021 年 9 月，我重新执掌公司业务时，我们的年销售额达到 9000 多万元，按理说这个数据很不错呀！然而当我看到财务人员给我的数据报表时，我直接傻眼了：这么高的销售额，公司利润竟然是负的！因为资金几乎都被应收账款、负债和库存占用了，我们自己的账上根本没有钱。即使销售额很高，也完全是"虚胖"。如果我不看报表，一听说这么高的年销售额，肯定觉得公司赚钱了，第二年再大干一场，而实际情况却是：公司已经亏空了。

绝大多数中小型外贸企业都缺乏完整、详细的数据报表，或者说即使有数据报表，老板也不会仔细看。老板看什么呢？看利润报表，看企业的营业收入是多少、营业成本是多少，两者一减，就是企业赚的利润。

事实上，这个"利润"并非企业真正赚到的净利润，它很可能是企业"预支"的，或者是"存下"的。比如，你卖出去 5000 万元的货物，只收回来 3000 万元的货款，这就产生了 2000 万元的应收款，是没有到账的钱，但很多老板会把这 2000 万的应收款也当成是营业收入；同样，你还有 2000 万元的库存，但这部分库存最终能消掉多少，也是个未知数。如果你的销售利润是 1000 万元，库存达到了 2000 万元，那你的利润不但没了，还有可能会负债。

外贸企业发展到一定阶段，必须要有专业的数据报表，这些数据既是企业经营状况的"晴雨表"，也是老板应该时刻紧盯的"风向标"。老板只有通过具体的数据了解企业真实的经营状况和财务状况，才能通过同比、环比等分析方法，及时发现企业经营中潜在的风险，并及时找到应对措施、解决问题，从而更加精准地确定企业的发展方向，带领大家一起打胜仗。

有的外贸老板可能会说：数据报表不都是财务的事吗？我直接找个财务人员来干就可以了，为什么还要自己干？我把更多的精力放在怎么做好产品、怎么把产品卖出去上不行吗？

需要注意的是：财务人员只是负责把企业中各种数据汇总给你的人，并不是帮你定战略、做决策、调方向的人。老板才是真正需要发现问题、能够解决问题的人。而数据报表就是企业经营问题和财务问题的高度提炼总结，就像企业的"体检报告单"一样。作为老板，你不但要能看懂各种经营语言，同样要能看懂财务语言，这样才能通过深挖各类报表中的具体数据，找到企业经营中存在的问题以及问题的根源，继而及时调整战略、解决问题，确保企业在快速向前发展的同时，还能保持经营的稳健和持续的盈利能力。

老板必看的三张报表

在外贸企业中，财务报表就像是一面多棱镜，不同的人从不同角度看，会得到不同的信息。投资者看时，关心的是自己的投资回报率，所以会仔细研究企业的盈利能力，包括营业收入的增长趋势、毛利率的变动，以及期间费用的控制等；债权人看时，关心的是企业的偿债能力，最怕的就是自己借出去的钱收不回来，所以他们会重点分析企业的流动比率、资产负债率等能够反映偿还能力的指标；而外贸老板看时，最关心的应该就是自己企业的"健康状况"。

外贸老板如何才能通过财务报表，判断出自己的企业健康不健康呢？

最直接有效的方法，就是学会看三张财务报表：资产负债表、利润损益表和现金流量表。这三张表也是外贸企业必须具备的，缺一不可。**看资产负债表，老板可以了解自己的企业有多少"家**

底"（资产），欠了多少"外债"（负债）；看利润损益表，可以了解企业在一定时期内有多少收入、多少支出；看现金流量表，可以掌握企业资金的动向，知道自己的钱都花在了哪里，确保企业还能继续发展，不会"英年早逝"。

这三张报表用数据分别将企业的点位静态（资产负债表）、区间动态（利润损益表）、经营状况及风险（现金流量表）的全貌，呈现得一清二楚。

第一张表是资产负债表，反映的是企业有多少资产和负债，包括流动资产、非流动资产、流动负债、非流动负债和所有者权益等要素。它是一个时点表，也就是企业在"今天""当下"这个时间点的资产和负债状况。

资产是什么？简单来说，就是"企业的财产"，包括借来的钱和自己原有的钱。借来的钱是负债，原有的钱就是权益。资产从整体上来说分两大类，一类是流动资产，如现金流、银行存款、应收账款等，拿过来就能直接用；一类是固定资产，如厂房、设备、库存、债券投资等，变现都需要走一系列的流程。这些都是企业资产。

负债就是企业欠别人的钱，比如欠银行的短期贷款或长期贷款，欠供应商的应付账款，欠客户的预收账款，欠员工的应付薪酬，欠国家的应交税金，等等。

将企业的总资产扣除总负债，就是真正归属所有者（股东）

的钱了。所以，资产负债表向我们传达的，就是我们赚了多少钱，以及我们投的钱去了哪里，又欠了谁的钱。

正规的外贸企业一般都会在每季季末、每半年末、每年年末发布最新的资产负债表，展示企业的总资产、负债和权益情况，以及具体的构成。通过这张表，老板就能知道自己"今天"拥有什么，并可以通过同比或与同行业对比，初步判断出自己的资产盈利能力、资产回报率或偿债能力，从而更加详细地了解企业的财务状况，以及未来的发展趋势等。所以，资产负债表也是三张表中最重要的一张表。

那么，我们怎样判断自己企业的资产负债情况是不是合理呢？

一般可以用资产负债率来衡量。资产负债率反映的是在企业的总资产中，有多大比例是通过负债筹集的，也是企业利用债权人资金进行经营活动能力的指标。比如，你的账面上现有总资产是5000万元，总负债是3000万元，那么你的资产负债率就是60%。

对于中小型外贸企业来说，资产负债率在40%~60%之间是比较合理的。超过60%，意味着你的企业已经在超负债经营，负债过高。我在2021年9月重新执掌公司业务时，我们企业的负债率已经高达90%多，现金流已经断掉，几乎完全靠负债经营。这是非常危险的，企业无法按时偿还负债，就会面临破产风险，所以必须尽快采取措施，将资产负债率控制在适当水平。

但是，资产负债率也不是越低越好，否则说明你的企业没有融够资，没有充分发挥出财务杠杆的作用，融资能力和投资能力比较差，这也会限制企业的发展。

第二张表是利润损益表，也是很多老板最喜欢看的表，因为从这张表上可以直接看出企业在一定时期内收入有多少、支出有多少、成本结构如何等。用收入减去开支，得到的就是利润。有的外贸老板只要看到这张表上的利润为正，就认为企业经营状况没太大问题，这其实是一种误区。有些企业可能会通过出售厂房、变卖固定资产等方式提高利润，甚至扭亏为盈，但这显然不属于正常的营业收入，也不代表企业的经营状况一定良好。

更重要的是，利润损益表体现的是企业"昨天"的经营状况，代表你"昨天"拥有什么。即使从报表上看出企业获得了很高的利润，也不代表你"今天"和接下来的"明天"一定会获得同样高的利润，所以利润损益表也是三张财务报表中最不重要的。你可以把它当成是了解企业在一定时期内经营状况的参考，但也要记住：有盈利不代表企业一定赚钱，而企业长期亏损更不是一个很好的经营状况。

第三张表是现金流量表，反映的是企业的现金流动情况以及目前持有的现金规模，可以让投资者、债权人判断企业的支付能力、偿还能力和周转能力，从而做出前瞻性的决策。所以，它体现的是企业"明天"的发展前景。

外贸老板不仅要会看现金流量表，还要知道上面的现金都从哪儿来。一般来说，现金流量表包含三项业务内容，分别为经营活动产生的现金流、投资活动产生的现金流和筹资活动产生的现金流（如图 6-1 所示）。

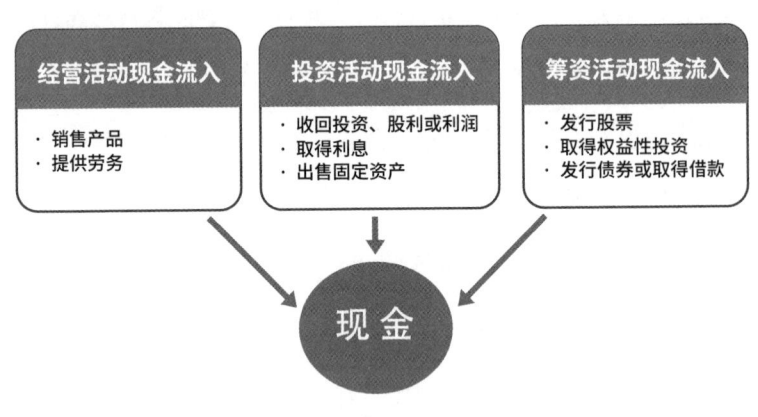

```
┌─────────────────┐  ┌─────────────────┐  ┌─────────────────┐
│  经营活动现金流入 │  │  投资活动现金流入 │  │  筹资活动现金流入 │
│                 │  │                 │  │                 │
│ · 销售产品      │  │ · 收回投资、股利或利润 │  │ · 发行股票      │
│ · 提供劳务      │  │ · 取得利息      │  │ · 取得权益性投资 │
│                 │  │ · 出售固定资产   │  │ · 发行债券或取得借款 │
└────────┬────────┘  └────────┬────────┘  └────────┬────────┘
         │                    │                    │
         └──────────────→ 现 金 ←──────────────────┘
```

图 6-1　产生现金流入的业务内容

在以上三种现金流入中，最重要的是企业经营本身产生的现金流入。企业能够通过正常的经营活动，比如销售产品、提供劳务等带来的收入，就是现金流量表中经营活动的构成部分。经营活动呈现出的是企业自有的造血能力，一个处于成熟稳定期的企业，其经营活动现金净流量通常为正，经营活动所产生的现金流也是良好的。如果你的企业经营活动现金净流量为负，说明企业经营活动状况不佳，主营业务现金造血能力也比较差。

有些外贸老板自己不看现金流量表，只要财务人员告诉他，公司账上没钱了，他就去找银行借款、找人融资，试图通过借钱周转渡过难关。不能说这些方法不对，但企业的现金流过于依赖借款和融资，就会导致企业逐渐丧失原本该有的造血能力。企业要持续发展，前提一定是要拥有充足的现金流，避免流动性危机，但只靠外部资金支撑，企业是不可能持续发展下去的。像亚马逊一样的企业是极少数的商业模式，对我们外贸企业而言，绝对不能借鉴。

通过现金流量表上的各项指标，老板就可以判断企业当前的生存质量，并找到引起现金流困难的原因。这跟我们面临的其他问题一样，表象背后一定有深刻的原因。比如，营业收入大幅增长，而经营现金流却在下降，可能说明营业收入质量存在问题，不是亏损利润，就是亏损现金流，需要重点关注应收账款的回收情况。弄清原因后，再对症下药，才能帮助企业回到正轨，从而构建企业未来持续发展的能力。

以上三张报表相互联系、相互印证，逻辑环环相扣，其中一张表所反映的经营状况，一定会影响另外一张表。而且，它们也从不同角度全面记录和呈现了一家企业的经营状况：从收益的视角来看，资产负债率和利润损益表展现了企业的生存状况，也就是有多少家底、有多少收益；从风险角度来说，现金流量表展现了企业未来能否继续生存下去。它们共同构成了企业完整的财务分析框架，清晰地描述了企业所有的经营活动。

在外贸企业中，**财务数据是问题的起点，不是问题的答案。财务报表中任何不合理、不寻常的地方，都会隐藏着解决问题的关键点**。但如果你的企业没有这三张报表，或者你不看这三张报表，就算企业经营出现了问题，你也很难找到根源，或者找到的也只是一些表象原因，因为没有具体的数据支撑。在这种情况下，你表达的观点、解决问题的方法也可能是主观的、不理性的。这就容易导致整个企业的运营失去方向，像一艘在风浪中盲目前行的大船，完全不知道下一程会遇到什么，又会导致什么样的结果。

管理报表：从数据中发现问题，解决问题

外贸企业要想做好，离不开资产负债表、利润损益表和现金流量表这三张财务报表。然而，如果你想弄清三张报表中体现出来的经营问题的根本原因。如存货多是因为之前的存货没有卖完，还是因为临时采购的过多？应收账款多是因为客户方出现资金问题，还是我们的业务员没有及时收款？这些都需要继续深挖，并且需要利用另一套报表——管理报表，来进一步进行诊断。

一般来说，三大报表是给企业老板和股东看的，帮助他们了解到企业的财务状况，属于外部财务报表，需要按照规定的会计准则来做；管理报表则是给企业内部管理层看的，既包括老板，也包括其他管理者，如一线总经理、销售总监等，是对企业运营、市场动态、管理动态及财务动态等信息进行收集、分析和整理后形成的报表。它一般没有固定的格式，可以依据管理需要灵活制定，只要能综合反映企业内部经营管理状况、为经营管理提供决

策依据就可以。

管理报表有一个重要特点，就是一定要深挖信息，从三大报表中提取数据，并结合其他信息进行分析。**它是从财务出发，以业务结束，不仅要分析过去可能存在的问题，还要找出导致问题的"真凶"，继而做出决策、落实方案，找准企业未来的业务走势。**

管理报表这么重要，是不是外贸企业都有呢？

恰恰相反。保守估计，85%以上的外贸企业都没有这张报表，或者就算有，老板也不知道该怎么看、从哪些方面看。在我看来，外贸老板可以从五大因素入手，拆解管理报表，对自己企业的业务进行诊断。这五大因素分别为价格、销量、直接成本、变动费用和固定费用（如图6-2所示）。

价格和销量是业务诊断中最为关键的两个因素，就像我一直强调的：外部都是生死问题。产品的定价和销量，就是与产品、客户相关的生死问题，它们决定了企业的市场地位与发展阶段。

外贸老板在产品价格上往往存在一个认知误区，就是经常把市场竞争理解为扩大市场份额，把牺牲市场份额当成是奇耻大辱，因此也会为了抢占市场份额而降低定价。其实，在"丢失市场份额保价格"和"保住市场份额降价格"这两种做法之间，为了保住市场份额而降低价格，采取低价策略进行竞争的外贸企业往往更容易倒闭。原因很简单，降价竞争会遭遇竞争者的反击——你降价，我也降价。但这种降价很难为企业增加实质性的销量，最终带来的也是企业的亏损。

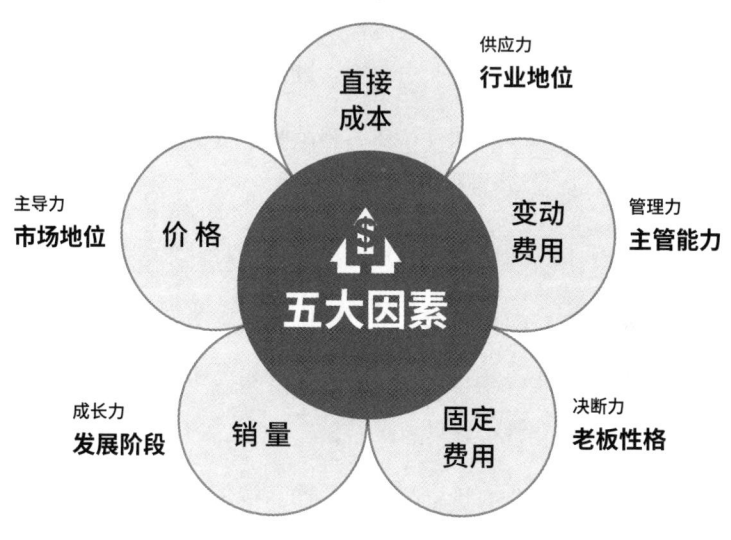

图 6-2　企业业务诊断的五大因素

德国著名管理大师赫尔曼·西蒙在《定价制胜》一书中写道，**企业在价格上要有主动权，不能被动，否则就会变成汪洋大海中漂浮的一条船**。企业创新是为什么？就是为了获得定价权。做企业不能简单地降价经营，尽管打价格战是一些企业最擅长的做法。在金融危机中，西方大企业采取的应对措施通常都是缩量，比如航空公司会很理智地停掉一些航班，而不是杀价、送票。

在外贸活动中，你的定价主导权，也将决定你的企业在市场中的竞争地位。尤其是在存量经济状况下，价格更成为影响企业利润的关键因素，企业想在市场竞争中掌握价格主导权，管理者就要根据企业自身的发展阶段、行业地位、产品特点等，找到产品价格与销量之间的最佳平衡点。比如，你的企业是处于创业阶段还是发展阶段？你在行业中属于新进入者还是跟随者？你的产品在同类中是否还可以细分？这些都是管理者在平衡价格和销量时需要重点分析和考量的因素。

然而，大部分外贸企业在进入海外市场时，首先考虑的都是怎么扩大销量，占有尽可能多的市场份额，于是直接以低价策略进入。这种方式不是不可行，但如果企业缺乏明确定位，同时又缺乏对市场需求和竞争对手的详细洞察，只是盲目地搞低价策略，一旦有竞争对手跟你打价格战，你的产品销量不但很难上去，价格也不会再成为优势。

要避免这种情况发生，做出正确的决策，外贸老板就要通过分析管理报表中的各项数据，随时对自己企业的运营情况、产品特点、价格策略等进行评估，制定合理的定价策略，让自己占据市场的主导地位。一旦发现市场变化或竞争对手的定价策略有所调整，就要及时评估并调整自己的定价策略，以保持产品竞争力并最大化利润。

巴菲特曾说：如果你有能力提价，而业务不会流失给竞争对手，你的企业就会非常好。在外贸活动中，低价不一定能快速进入市场、提升销量，高价也不见得不能打开销量，关键在于企业管理者能否随时根据数据诊断企业经营情况，权衡利弊，平衡好价格与销量之间的博弈关系。

除价格和销量外，另外三个关键因素都与成本有关。其中，直接成本是可以直接计入产品或服务成本的费用，如直接材料、直接人工等。它直接决定了你的供应能力和你在行业中的地位。比如，你的产品销量在整个行业中占据30%以上，说明你的市场供应能力较强、行业地位较高，这时你在供应商那里也会更有话语权，可以从供应链上降低成本，继而再适当调低产品价格，让销量获得提升。这就是一个正向循环。用产品的销售收入减去直接成本，得出的差额就是产品的贡献毛益。你想提升毛益，就需要选择好的价格带，通过提升价格来增加销量收入，而不应该采取低价策略，最后再试图降低直接成本，通过这种方式拉升贡献毛益。这其实属于管理不善，只会让你的生意越做越难做。

另一个因素是变动费用，是指在一定范围内，随着业务量变化而变化的费用，如产品打样费、运杂费、营销推广费、差旅费等。它会随着销售收入的增减而变动，如果没有销售收入，就不会产生变动费用。变动费用体现的是企业的管理能力，通常企业的变动费用分得越清，对销售的拉升作用越直接。

最后一个因素是固定费用，是指在一定时期和一定业务量范围内，不受业务量增减变动影响而保持不变的费用。这项费用的多少与业绩好坏没有直接关联，主要与老板的性格和管理风格有关，比如有的老板喜欢搞组织活动、搞企业文化和价值观建设，有的喜欢购置新办公室、新厂房、豪华车等。我的性格是喜欢装修办公室、展厅，一般三年装修一次，因为我比较喜欢变化。

管理风格没有最好的，只有最适合企业的，如果你的性格和管理风格正好跟行业或客户合拍，那你做出的决策就能娴熟地驾驭企业和员工，带领团队和企业一起发展；反之，也可能会给企业带来负面影响。

我认识一位做软包装材料的外贸老板。有一次，他们接到了一个加拿大连锁企业的大订单，非常高兴。因为软包装材料的竞争非常激烈，行业利润也很低，对于一个规模不大的企业来说，能接到这样的大订单非常难得。为了彰显自己的实力和对客户的重视，在加拿大客户来公司洽谈时，他特意派了一辆宾利车去接客户。没想到，客户不但没有顺利签约，还反问他们的采购助理，说你们老板赚了我们多少钱啊，竟然都能开宾利车了！于是开始不断压价，最后这单生意也没做成。

老板想向客户展现实力，目的没错，但做法错了。如果你真想展现实力，应该把这部分固定费用花在更有价值的地方，比如花在展厅的设计和装修上。真正做得好的外贸企业，它的展厅设计是非常讲究的，能让客户一进来就感受到企业的专业和用心，这也会直接关系到企业品牌的展示效果和客户的转化率。

通过以上五大因素来诊断企业业务，老板和管理者就可以量化评估各项经营指标，进而借助数据挖掘与趋势分析，精准地定位企业的业务瓶颈、潜在风险与优化机会等，从而帮助企业尽快优化资源配置，调整经营策略，把控住企业的运营脉搏，防范可能出现的风险，提升运营质量与效益。

数先立，事在前，人于后

一些外贸企业做了很多年都赚不到钱，通常有两个重要原因，一个是客户选择错误，另一个是产品品类或品种太多。

我们之前有一个河南的客户，一年从我们这里采购2000多万元的产品，销售总监很看重他，多次跟我说这是个大客户，一定要留住。但我并没有完全听信销售总监的话，而是查看了一下该客户一年的销售额和给我们创造的利润额。结果发现，他一年给我们创造的净利润只有二三十万元，却要我们销售部门五六个人为他提供服务，这明显就是亏本生意，所以我果断终止了与这个客户的合作。

还有一位外贸老板，做了15年企业，只做一个品类，让我感觉很厉害。但深入交流后才知道，她的企业年销售额只有1000多万元；更令人震惊的是，她的SKU（Stock Keeping Unit，最小存货单位）竟然多达5万个。这样一算，每个单品每年只给她贡献几百元钱的销售额。后来我和她一起分析她的客户和产品，发现她对自己的客户和产品都不是很了解，不知道哪些客户创造的利润最多，也不知道自己有多少个爆款产品，以及这些产品都为企业贡献了多少利润。

外贸老板不能凭感性来经营企业，否则一算账发现，有些客户跟你想的可能完全不一样，有些产品也不见得真那么畅销。要判断客户是不是真正的大客户、产品是不是真正的好产品，必须有具体的数据作为依据。但凡经营很好的外贸企业，老板不但很理性，往往还能践行这样九个字：**数先立，事在前，人于后。**

第一，数先立。

"数"是什么？就是以财务数据为核心的各种数据化信息。老板要先有数据意识，让一切业务都建立在具体的财务数据基础上，这样再做决策才会"有法可依"，正确率也更高。比如，对于导致外贸企业赚不到钱的客户选择错误和产品品类过多的问题，我们就可以通过一张客户与产品价值分析表来进行分析和解决（如表6-1所示）。

在这份报表中，包含有不同客户对不同产品的销售情况，为企业创造的销售收入、毛利、净利润，以及由此产生的直接成本等。

以其中的"客户29"为例。2024年1月份，该客户主要销售两个品类的产品（产品编码151027，产品编码151031），其中

表 6-1 某外贸企业 2024 年度 1 月份客户与产品价值分析表（部分）

2024年度客户与产品价值分析表

月份	部门	客户/店铺名称	客户收入排名	产品收入排名	产品编码	销量（件）	销售收入不含税（元）	直接成本不含税（元）	贡献毛益（元）	毛利率	净利润（元）	净利润率
1月	市场A部	客户29	1	1	151027	277332	1889734.76	1524025.24	365709.52	19.35%	324096.47	17.15%
1月	市场A部	客户29	1	3	151031	138666	944867.38	822522.53	122344.85	12.95%	102482.16	10.85%
1月	市场A部	客户50	2	2	103040	42504	1119880.26	573992.07	545888.19	48.75%	516094.61	46.08%
1月	市场A部	客户50	2	4	150009	12000	228629.56	188707.96	39921.59	17.46%	34954.85	15.29%
1月	市场A部	客户22	3	42	100020	2580	28123.99	14355.75	13768.23	48.96%	22621.7	46.29%
1月	市场A部	客户22	3	22	100129	5440	57794.83	33699.12	24095.72	41.69%	22621.72	39.14%
1月	市场A部	客户22	3	21	105038	5536	58814.74	37233.27	21581.47	36.69%	20127.32	34.22%

一个品类（产品编码151027）所创造的产品收入，在所有产品收入排名中位列第一，另一个品类（产品编码151031）排名第三，但整体所创造的客户收入仍然排名第一。

那么，销量高的客户，是不是也一定能为企业创造高利润呢？

并不见得。从以上报表中可以看出，"客户29"为企业创造的贡献毛益和净利润并不算高，甚至远低于"客户50"和"客户22"。如果老板只靠销量来判断客户的好坏，显然是不够的，还需要同时考虑到维护客户所付出的各项成本。相比之下，"客户50"和"客户22"的销量并不算高，但他们却为企业创造了较高的贡献毛益和净利润。

所以，在选择客户时，我们既要看客户为企业创造的销售收入，也要衡量企业为之付出的成本，以及客户最终为企业创造的利润。至于是选择销量高的客户，还是选择利润高的客户，主要取决于老板的综合考量。一般来说，在一年中的采购量占比越高、销售金额越高，且每一年都在持续上升的客户，都属于优质客户，是企业利润的主要来源，企业必须首当其冲地维护好这类客户。

对产品也可以这样分析，从报表中找出哪个品类属于爆款产品或高利润产品。比如，我们新开发一款产品，推向市场后，发现只有10%的客户购买，这时就要通过各项数据分析一下，为什么其他90%的客户没有购买？是因为产品不匹配客户需求，还是业务员销售不到位？

真正的好产品，应该是 90% 以上的客户都会购买的产品，这时产品销量才能真正提起来，单品的库存周转也会更快。我们公司有一款磨砂玻璃贴膜产品，每个月都可以销售 100 多万米，几乎我们所有的客户都会购买。这种能打动绝大部分客户的产品，就属于好的产品，也是企业应该主推的产品。由于有具体的数据支撑，企业在推广和销售产品时也会更有底气和信心；而对于销售情况稍差一些的产品，则根据不同的市场环境和客户特点，采取更有针对性的销售策略和上下架的周期管理，确保产品尽可能地为企业创造利润。

第二，事在前。

"事"就是对目标的拆解和执行。外贸企业里有个通病，就是老板容易站在事情中看事情，没办法看清事情的全貌。就像前文我提到的那位做了 15 年企业，只做一个品类的外贸老板，就陷入了在事情中看事情的误区，觉得自己产品多，销售额就应该多，利润也应该高，可事实却并非如此。

老板要解决问题、做出决策，必须先跳出事情本身，站在一个更高的维度来看，同时借助具体的数据，去发现事情中存在的问题，从而判断某件事的正确性与可行性。

数据也是老板做出一切决策的基础，是可以拿到明面上来讨论沟通的决策依据。在做决策过程中，即使有人提出反对，你也可以拿出具体的数据作为依据，证明你的决策并不是随意做出来的，都是有数据支撑的。

第三，人于后。

"人"是企业最后需要关注的。在拆解目标、执行决策过程中，如果你把数据清晰地列出来，把事情摆在大家面前，问他们能不能完成这件事、打算怎么完成。如果对方完成不了，那么对不起，这就是人自身的问题了，很可能是这个人的能力不足。遇到这种情况，你就要解决人的问题，让更有能力的人来做事。

在外贸企业中普遍存在这样一种现象：老板看到一些能力不足的业务员业绩不好时，会把好客户、好产品优先分给他，而将那些不太好的客户和产品分给优秀的业务员，希望优秀的业务员能把这些客户做起来、把这些产品卖出去，达到业务运营的"平衡"。殊不知，这种做法可能会导致两种结果：一种是能力不足的业务员没费什么力气就获得了好资源、好客户，由此变得更加不思上进，最终还可能会把好客户搞丢了；另一种是严重打击优秀业务员的积极性和工作热情，导致他们不愿意再努力去为企业创造价值，甚至会因此离职，另谋高就。这两种结果最后损害的都是企业的利益。

我经常给员工讲这样一个故事：一个富翁给自己的10个仆人每人1个米纳（一种货币单位），让仆人用这1米纳去做不同的事。第一个仆人用1个米纳赚到了10个米纳，第二个仆人赚到了5

个米纳，主人很高兴，分别让他们掌管 10 座城和 5 座城。第三个仆人精心保存这 1 个米纳，将它交还给主人，结果却受到主人的谴责，并将他的 1 个米纳夺走，给了那个赚到 10 个米纳的仆人。旁边的人纷纷表示这不公平，因为第一个仆人已经有了 10 个米纳，为什么还要把别人的也给他呢？

这个故事的结尾是这样一句话：凡有的，还要加给他，让他有余；凡没有的，连他现有的也要夺过来。

故事说明了什么？

不论在工作还是生活中，有能力、有作为的人会变得越来越强大、越来越富有；而那些没有能力又不努力的人，只会不断失去，越来越贫穷。这种现象后来被美国社会心理学家罗伯特·默顿形象地称为"马太效应"。简单来说，就是强者恒强，弱者恒弱。

在企业中，老板根据每个人的才干分配任务，同样是对马太效应的一种活用。如果你把更多的好客户、好产品、好的培训机会等给那些更好的业务员，让好的业务员把好的产品卖给好的客户，就可以为企业创造更多的价值。而且好的业务员通常都很努力，会主动了解和掌握丰富的产品知识，提升业务能力，积极与优质客户沟通、合作，所以也能拿到更多好产品的优先代理权。优质的产品又会吸引更多的优质客户，客户的信任和口碑又能让业务员获得更多的机会，这就形成了一种良性循环：强者愈强。

老子的《道德经》中有一句话说："天之道，损有余而补不足。

人之道则不然，损不足以奉有余。"大意是说：天之道法，是减少有剩余的来补给不足的；人类的道法不是这样的，是减少不足的来奉养有剩余的。天道如此，是因为要达到天地万物之间的平衡状态；而我们在人间，要行人道。人道是什么？就是在商言商。既然你做的是商业的事，就要好好做企业、好好赚钱，不能随意浪费。

企业中任何好的结果，都需要老板的深思熟虑、理性决策，而数据就是老板用来判断企业经营状况、做出理性决策和有效落实决策的基础。精准的数据分析，可以为企业在规划、决策、控制和评估等方面提供综合、专业的信息支撑，从而推动业务的增长与财务绩效的提升。

第七章

预算解码，
从纸上数字到脚下地图

企业预算，是财务的事，还是业务的事？

应该说，预算是财务部门赋能、业务组织深度卷入的过程。但同时，它又是需要全员参与的一种基于企业战略目标，对未来一年的资金使用、资源配置的全面规划，是战略落地的坚实保障。就像你前往陌生之地的导航地图一样，没有它，你很可能会走弯路，甚至根本无法到达目的地。

外贸老板想要管理好企业，带领企业健康、平稳地向前发展，首当其冲就要做好预算管理，因为它可以将战略、价值、产品、营销、组织和客户全部打通，提前将战略目标进行拆解和数据量化，实现先胜而后战。

预算：将战略目标"地图化"

外贸企业要想做好、做持久，既需要有明确的战略目标，也需要有过硬的执行力，以确保战略目标的成功落地。而合理的预算安排，就是确保企业战略目标落地的重要保障。

在企业中，预算由"预"和"算"两部分组成。其中，**"预"指的是经营计划，是业务层面的问题；"算"指的是财务测算，是财务层面的问题。**

经营企业的过程就像是走一条完全陌生的道路，过去你的企业走的是从 0 到百万、千万的路，接下来可能要走从百万、千万到破亿的路，这两条路径是完全不同的。如果没有提前做好经营计划和财务测算，那么由你掌控方向盘的车可能就会失去方向。

做预算的目的，就是找到行车的方向和路径，同时算好一路上要加多少油、要避开多少红灯，并能清晰地知道每个路口应该怎么走。如果不小心走错路，它还能为你纠偏，重新为你规划路线，以免差之毫厘，谬以千里。只有这样，企业才能真正打通从战略到执行的有效路径，提前将战略目标"地图化"，使其可量化、可执行，确保组织上下的每一个人都能够在预算系统内高效运转，实现先胜而后战。

然而，我发现不少外贸企业根本不做预算，原因是老板认为市场变化快，预算做不准，太浪费时间；或者认为按财务框架做预算太麻烦，以前不做预算，不也照样赚钱嘛！有的外贸老板倒是有做预算的意识，每年也会开预算会，可是预算会又很容易开偏，比如开成了争论会、对赌会、施压会、许愿会，就是不像预算会。

还有的预算是由老板或几个合伙人凭感觉进行规划，比如，公司去年定的销售目标是3500万元，但只完成了3000万元的销售额，今年老板在做预算时可能觉得行情会比去年好，预算就定个6000万元或9000万元的销售目标吧！至于这个目标是不是合理、能不能完成、怎么来完成，老板也说不清楚；或者就想把目标定高一些，哪怕实现时打个折扣也行，却不考虑任何目标的实现都需要投入，需要天时、地利、人和等要素都具备，才有可能达成。除非万事俱备只欠东风，比如只有员工动力不足，你可以通过大目标牵引一下，否则这些大目标几乎都是空喊口号。

以上现状也反映出很多外贸老板对预算的不懂、不会和不关心，不理解什么是真正的预算，也不知道该怎么做预算，或者对预算的认知还停留在为了预算而预算的层面上。殊不知，预算做不好，企业极易在发展的征途中迷失方向，甚至掉进大坑。

我认识的一位外贸老板，原本企业发展势头不错，在行业里也小有名气。可就因为财务预算没做好，硬是把自己逼到了资金链断裂的边缘。原因是他前年推出了几款新品，销量很好，年底做预算时过于乐观，觉得自己的产品下一年肯定还会大卖特卖，于是开启了疯狂采购模式，大量囤积原材料，扩充生产线，招聘新员工，各项开支如同火箭般噌噌往上涨。然而，去年市场行情突变，他们的产品销量远不及预期。但公司还要继续运营，员工工资要发，供应商的欠款要给，就这么一来二去，资金链"啪"的一下断掉了，企业立刻陷入巨大危机。

商业有一个本质的规律：**利与害之间往往是 1 与成百上千的比例关系。**因为企业的营收只有销售一个入口，而成本的出口却有成百上千个。更要命的是，在"收入－成本＝利润"这个公式中，成本发生在前，收入发生在后。花钱是必然的，赚钱却不是必然的，这就是企业经营最难的地方。所以，企业不但要能赚钱，更要会花钱，要把能赚的每一分钱和要花的每一分钱都提前测算好，然后再按预算去一步步操作。先知害，可以使风险最小化；后知利，才能让收益最大化。

数据复盘，确立预算目标

美的集团创始人何享健曾说："美的的运营状况比一般企业快了 10 ~ 20 年的时间。"我当时看到这句话并不理解，后来了解到美的的预算体系，加上我们自己连续多年打磨预算体系，才对这句话深以为然。

美的的预算管理一直做得很好。通过预算，美的会把下一年的业务计划、路径方法，以及营收、成本、费用、利润等都测算清楚，而且分解到每个月；再通过每个月的经营分析会，随时掌握企业每个月的经营状况。到每年 7 月份，美的的经营团队在总结完半年度的工作后，如果一切都在按照前一年的预算推进，那么完成年度目标便问题不大。这样一来，高层经营团队就开始在 7 月份做下一年的规划，并从 9 月份启动下一年度的经营预算。

这种利用充分时间做出来的预算准确性更高，对企业未来经营的指导性也更强。而且基于这样的预算，美的对组织和重要人事的调整也会放在年中进行，避免等到年底一旦完不成年度目标再进行调整，新人在新的一年中无法快速投入工作，影响规划执行。

不过，我们中小型外贸企业不能完全照搬大企业的做法，不需要那么早就开始汇总、做预算，否则反而会因为各项数据不够健全，导致做出来的预算不准确。一般来说，我们在每年的 10 月份启动预算即可，到 12 月底收官，两个月的时间足够了。

需要注意的是，预算不能仅凭感性或直觉去做，否则容易导致预算目标无法进行细分或拆解，更无法将目标有效拆解到层级、产品和部门，最终预算也只能是一个笼统的大框架，对此后经营没有太强的指导性。

预算必须有具体的数据支持。它的本质是将老板的感性目标结合实际情况，最后才有可能达成理性的结果。也就是说，**老板不能把预算当成语文题，要当成数学题来做，将具体预算目标都落实到数据上面。以数据为基础和支撑，预算才会更加准确有效。**

预算水平要达到比较合理的程度，也并非一蹴而就，需要较长时间的沉淀和验证，通常至少要 3 年以上才能形成比较好的预算基础数据模型。我们自己的企业也是做了好几年，其间磨合了无数预算版本，不断统一团队共识，让大家体会到预算管理的重要性，在此基础上逐渐推进、迭代，如今才形成了比较成熟的预算体系，预算目标实现的准确率也达到了90%以上。

虽然每个企业的发展状况不同，做预算方法也各有差异，但整体上来说，还是有一些共性的"套路"可以把握。以我们自己的企业为例，在确立预算目标时，都会先对数据进行复盘。这个过程通常分为三步，即收集销售数据、洞察市场趋势和确认销售线索。

第一步，收集销售数据。

以前我们没有数据报表时，大家都是凭自己的经验来确立预算目标，比如感觉某个客户未来对某款产品的需求量较大，就在这个客户身上压更多的"宝"。但这样做出来的预算往往与实际结果有很大偏差，有时还会给公司造成很大的损失。这些经历提醒我们，一定要杜绝赌博式的目标设定方式。

后来有了客户与产品价值分析表，财务人员每个月都出具一份，其中包括所有客户的成交数据，既有客户在某个阶段的产品保有量、销售量，所需产品的款式、售价，也有产品成本、所产生的贡献毛益和利润等数据。

通过分析这份报表，我们就能对所有客户、所有产品的全年销售情况有非常细致的了解，再做预算时，就不会只将某个客户或某款产品此前的年销售总量作为优先参考数据，还会通过具体的销售数据来做整体分析，判断客户或产品下一年的销售情况：是会实现增长，还是会稳定不变，或者是有所缩减。基于这样的分析，最终初步推算出一个预算目标。

第二步，洞察市场趋势。

除收集销售数据外，我们还要对下一年的市场趋势进行洞察，主要分析客户所在行业的发展前景、未来可能出现的状况、客户所在国家的政策变化，以及我们的某些产品在市场上正处于哪个生命周期、未来的销售趋势如何，等等。这样做的目的，一方面是从整体上判断我们初步推算的预算目标是否合理，另一方面是希望可以从中找到可能存在的目标和机会点，继而在未来集中资源去全力攻克。

华为有一句话，叫"资源要用在找目标、找机会点，并将机会点转化为结果上"。我有个类似的比喻也许更容易理解。非洲草原上经常会有凶猛的狮子追逐猎物的景象，狮子追上猎物的第一个动作是什么？是锁喉。因为喉咙是动物的命门，也是动物身体最柔软的部位之一，只要锁喉成功，狮子就能完全掌控猎物，接下来可以大快朵颐。

这就是华为那句话的真正内涵。

所谓寻找目标和机会点，其实就是在为"锁喉"做准备，你不能等"猎物"的脖子都伸出去了才去锁。如果客户已经定义了需求，你再去改变就会很难。反之，如果你能提前"锁喉"成功，后面的全流程就可以少做很多无用功，节省大量的成本，这就是"锁喉"的奥妙。

对于跨境零售平台的客户，我们也会对整个大盘数据进行汇总分析和客户调查，明确某些客户的属性，以及他们最近 3 年内在行业中的销售规模、对我们产品的需求量等。通过分析这些数据，我们可以明确自己在客户一方的定位，比如有些客户对我们来说已经是大客户了，一年的采购量很大，但对客户来说，我们可能只是一个单品类小供应商。了解到这些情况，在做预算时，我们就要评估好与这类客户合作的难易程度，衡量并预测一些不可控因素，然后再积极寻找可以拓展其他品类销售的措施，提升整体销量。

第三步，确认销售线索。

销售线索，是外贸企业在营销过程中极具价值的客户需求呈现。与一般的询盘不同，它是利用对客户的属性匹配度、行为轨迹、意图信号等多个维度的信息捕捉，为我们提供最真实、最有效、最实时的客户需求分析依据，让我们第一时间就能将精准的营销信息送达客户一方的关键人物面前，最终促成快速成交。

在确立预算目标时，我们也需要根据现有数据来确认销售线索。这个过程主要通过阿里巴巴旗下钉钉协同软件的项目管理系统（或客户关系管理系统 CRM）来进行，系统中有一个版块叫"客户商机"，我们的业务人员会将前来咨询、询盘或即将成交的客户信息等都详细地记录在内，并随时跟进。

比如，我们 2024 年新开发了一个日本商超客户，虽然该客户一年只跟我们购买了一个品类的产品，但这个品类的销售情况很不错。所以，从 2024 年年底开始，他就陆续向我们咨询其他产品的情况，希望我们 2025 年能开发几个新品类，并为我们提供了一些新品的设计建议。

除此之外，有些客户所需要的产品已进入打样阶段，接下来就要拿到市场上进行验证；还有些客户已经确认产品，正在走发货流程……

以上这些都属于销售线索，根据不同客户所提供的不同线索，我们也可以更加精确地为不同客户设立相应的预算目标，并评估该目标实现的概率有多少。经过评估后，如果认为某个客户所需产品体量过大，或者某个客户的开发周期较长，风险较高，那么在做预算时，就要对此类客户的预算目标做得保守一些，或者干脆不将他们列入下一年度的预算目标之内。销售线索的转化过程，原本也是一个不断推进、不断升温的过程，在没有很大把握拿下某个项目或某个客户时，我们还是想"让子弹再飞一会儿"。

通过以上三步数据复盘，我们基本就可以确定出企业下一年度的预算目标了。不过，在后期的预算执行过程中，我们还要不断验证目标的达成情况。如果发现某个阶段的目标达成情况不理想，则要及时寻找原因，调整策略，以确保下一阶段的目标能够成功达成。从本质上来说，这也是预算目标从验证到改善、再到最终达成的一个不断循环的过程。

预算＝假设＋验证＋改善

管理学大师德鲁克在《卓有成效的管理者》一书中写有这样一段话："一个平静无波的工厂必是管理上了轨道。如果一个工厂常是高潮迭现，在参观者看来大家忙得不可开交，就必是管理不善。管理好的工厂，总是单调无味，没有任何刺激动人的事件，那是因为凡是可能发生的危机都早已预见，且已将解决办法变成例行工作了。"

这段话与《孙子兵法》中的一些观点不谋而合。《孙子兵法》中通篇都在做预算：算兵马、算粮草、算地势地形……我只有先算赢你，才可能去打你；如果算不赢，这个仗就不能打。

在战争中，很少有人一上来就能连连获胜，通常都需要根据实际战况不断调整作战策略，如改变战术、调整战场、重新匹配战队等。通过不断调整，才能让自己在战役中少失败、多获胜，最终拿下整场战争的胜利。

外贸企业做预算的目的，也是为了能打更多的"胜仗"。虽然我们的预算目标是经过详细数据分析确立的，并且从整体上也认为这个目标是可以实现的，但在具体实施过程中会遇到一些不可控的因素，影响目标的正常推进。这时，我们就要不断调整"作战策略"，让每一步都走得更稳健，从而步步为营，确保最终目标的实现。

实事求是地说，我们公司一开始引入预算管理时也踩了不少坑，如今总算打造出一套比较完善的预算体系，能够确保预算目标最大可能地实现。这个体系主要由一个公式组成，即：**预算 = 假设 + 验证 + 改善**。

接下来，我就分别解释一下，公式中每个要素都代表什么，以及具体该如何运作。

首先，假设要以发现机会为前提。

企业所有的预算目标都是从假设开始，包括年度目标和月度目标。为了达成销售额、利润率、市场占有率等经营目标，企业需要根据现有的各项财务数据做出目标假设，并在此基础之上评估企业达成目标所需的时间、资源和具体行动计划等。这个假设是否恰当，将直接影响企业预算编制的合理性、预算的可执行性，以及目标最终的达成情况。

假设你一年想实现 1 个亿销售额、1000 万元纯利润的预算目标，那么就要以这个目标为基础，按照企业不同月份的销售情况，将年度目标拆解到每个月当中,如第一个月要实现 600 万的销售额、第二个月要实现 750 万的销售额,等等。

但是,这些预算目标也不是凭空产生和随意拆解的,它们都需要具备一个重要前提,就是企业已经发现了相应的市场机会。只有先发现市场机会,并能确认这些机会是真实存在的,不是自己感觉可能存在的,我们才能知道自己每个月都要在哪些地方发力,应该把主要资源集中分配在哪些机会点上,从而确保每个月的目标都能达成。

在这一点上,有些外贸老板可能会把"假设目标"和"发现机会"搞颠倒,先假设一个目标,然后再去发现机会。

我认识一位外贸老板,每年做第二年预算时,都会把销售目标定得很高,然后第二年带着业务员跑到国外参加各种展会,但他的企业发展状况并不理想。有一次我问他:"你每年都去参加展会,真的有效果吗?"他很无奈地说:"说实话效果不大,可是不去参加,不就更没客户了吗?"

其实在我看来,他应该把自己近几年参加展会获得的有效客户拉出来看看,这些客户到底怎么样、给自己创造了多少利润,就知道参加展会的效果如何了。如果发现展会上获得有效客户的机会并不多,那就不要再去盲目地参加展会,而是分析一下当前的客户中有哪些属于优质客户,这些客户的未来发展趋势如何,是否还有更多的开发潜力等。然后根据这些信息来假设一个预算目标，这样的目标反而实现的可能性更大。

德鲁克曾说："'机会最大化'才是企业的职责所在，企业的本质在于如何找出对的事，并且集中资源努力做对的事。"

做预算时，我们要考虑在稳定现有产品现金流基本盘的同时，如何挖掘现有存量客户的新需求，以及新客户带来的增量需求。这样在推进预算目标，进行资源配置时，才能更加精准地向机会所在的方向倾斜，确保目标可以最大可能地达成。

其次，验证是为了更好地控制风险。

预算必须准确无误，否则就是失败吗？我认为，预算并非一锤定音，你还需要拿到市场上去不断验证、试错，从中发现自己的预算与现实之间存在的差距。

比如，你在年底为第二年定了一个销售目标，这个目标可能定对了，第二年的销售额与预算相差不大；也可能定错了，最终销售额与预算之间出现很大差距，甚至是几倍的差距。这种情况非常常见，即使是一些数字化程度很高，平台历史销售数据可提供业绩测算的跨境电商企业，也做不到完全避免。

这说明，预算并不能100%准确，但我们又不能因为预算不准确就不做。恰恰相反，预算不准确，正说明我们在很多地方没有考虑到，还有很多问题、风险没有提前预测到，因此还需要不断思考和改进。我们假设的目标是明天的事，而沿用的却是今天的方法和路径，只有通过不断验证，才能找到理想与现实之间的差距，以及主要问题出在哪些地方。

我们自己就曾经遇到过这类情况。2023年，我们新推出一款玻璃贴膜产品，每个月只有1万多元的销售额，所以在做第二年的预算时，我们就没把它的销售目标定太高。结果，这款产品在2024年1月的销售额就达到10万元，这就与预算目标出现了较大偏差。

于是，我们马上开始分析，为什么会出现这么大的偏差？分析后发现，原来是我们前期已经在各大平台对该产品进行了全方位的曝光测试，只不过测试效果没有那么快表现出来而已。经过一年多的沉淀，这款产品的销量才开始爆发。

有了这样的新品测试依据，我们立刻调整了第二个月的预算目标，并在持续提升产品质量的基础上，重新调整对该产品的资源配置，如提高生产效率、提升发货速度等，降低因前期资源配置不足所引发的供不应求等风险。

其他预算项目也是如此，先假设一个目标，然后再将其拿到现实中去验证，继而再对其持续改善，逐渐缩小预算与现实之间的差距，降低预算风险，使预算准确率不断提高。

第三，利用持续改善来开源节流。

在实现预算目标的过程中，如果每个月的预算目标能顺利实现，我们可以按计划向前推进；如果实际的执行情况与预算目标出现偏差，就要及时找出原因，并采取措施对目标进行调整和改善，避免因预算不准确而偏离总目标越来越远。

有一家外贸企业，2024年的销售额为6000多万元，超过他们原定销售目标近1000万元，按理说这个销售水平很理想了。但是，他们这一年的物流费用竟高达1000多万元，比预算高出了200多万元。2024年12月，他们在做下一年度的预算时，确定销售额的预算目标为7000万元，而经过财务测算，物流费用却高达1400万元。对于一个销售额不到1亿元的企业来说，这样的物流成本是非常高的，足以养活一个小型物流公司。但他们此前从未关注和拆解过物流费用，不知道这部分费用都出自哪里。

后来，他们请我帮他们的企业重新做预算。我就来拆解物流费用，结果发现，他们用了很多小的货代公司，这些小货代公司在发货过程中，经常会因为手续不全而导致货物被海关扣留。为了让货物能尽快到达客户手中，他们又要重新找别的货代公司发货。这样一来，不仅货物会被压在海关，还要多次支付物流费用。表面看销售额很高，但利润上不去，其实都被物流吃掉了。

弄清原因后，我就给他们提出两个建议：一是尽量集中大的订单，与一两个核心物流公司合作，这样既有议价能力，又有优化费用的空间，通过这种方式降低物流成本；另一个是重新评估自己的产品报价是否合理，因为当前付出的代价太高，这时就不能只看毛利，而是要从整体上衡量自己的销售收入、成本与利润的关系。如果能落实这两个建议，他们的企业就能在执行目标的过程中逐渐做到开源节流，增加销售收入，减少无谓支出。

事实上，我们自己的公司也是通过这种方式来控制物流成本的，甚至包括其他一些管理成本。只要发现成本比预算有所增加，就会对其进行拆解，把它的详细科目都拆解出来。这时我们就会发现，其中有一些产生成本的科目完全可以优化或去掉。当对这些科目进行持续改善之后，不仅提升了整体效率，还提升了企业的利润，也让企业距离预算目标越来越近。

企业推进预算目标的过程，本质上也是 PDCA 的循环过程：确定清晰的预算目标后，将目标拆解到每个月；然后依照规划按部就班地执行，并将阶段性的执行结果与阶段目标进行对比，评估其是否符合预期，并分析未达到预期的原因；继而纠正偏差，重新调整目标和实施规划，降低运营风险和运营成本，提升整体效率，然后再进入下一个新的循环……如此反复，直至越来越接近企业的年度预算目标。

《孙子兵法》中说："故不尽知用兵之害者，则不能尽知用兵之利也。"这句话提醒我们：**任何事情都会有正反两个方面，你没能获得正面的利，是因为没有解决反面的害。只要避开了风险、解决了障碍，成功自然可以水到渠成。**

三大维度,让预算目标有效落地

不管企业的预算目标制定得多么完美,最终都要真正能拆解、可落地才行。虽然很难做到百分百实现,但通过对预算不断地假设、验证和改善,预算目标也会越来越准确,落地效果越来越好。

企业预算目标的落地拆解通常可以从客户、产品和组织三个维度进行,这三个维度来源于业务的自身属性,具有很好的稳定性。在拆解预算目标时,某个客户、某个品类和某款产品的销售目标也并非绝对固定,而是变动的数据,我们会根据企业整体预算目标的难易程度,将销售目标划分为基础线、激励线和挑战线三个层级(如图 7-1 所示),同时还会将三个层级的销售目标更细致地拆分到每个部门,确保每个部门都能对标目标,从而将大目标拆成小目标,将小目标拆成"小行动"。

接下来,我就分别阐述一下如何从以上三大维度来拆解预算目标。

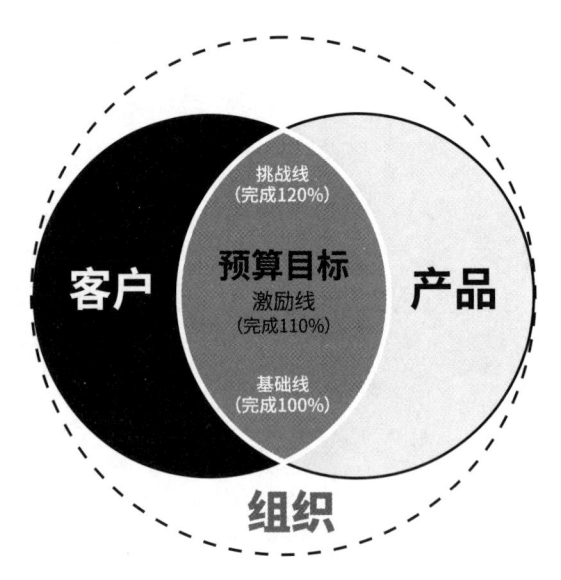

图 7-1　确保预算目标落地的三大维度图

第一，客户维度。

客户是预算目标生成的起点，因为满足客户的需求是企业存在的理由，只有客户才能为企业带来订单、收入和利润。特别是少数大客户，更是企业销售额和销售收入的主要来源，这也使得客户维度的预算尤为重要。

在拆解预算目标时，我们通常会先把与客户相关的销售渠道、所需产品品类与款式、产品销量与销售额等信息和数据列出来，分析该客户在未来一段时间的发展状况。

比如，某些客户可能会涉足新的销售领域，这时我们就要评估一下，是否能为他们提供一些支持，如提供更多款式的产品设计、更加优质的产品，或根据他们的核心发展方向开发一些新品类的产品等，由此测算出这些客户在下一年可能带来的销售额。

举个例子，假如某个客户去年只给我们创造了200万元的销售收入，我们在回顾该客户前两年的销售情况时，发现他的销售增长率一直比较高，基本每年都能有50%以上的销售增长。那么今年在对该客户进行预算时，我们就要考虑他可能会做到300万元，甚至400万元。这时，200万元的销售目标就是一个基础线，最起码今年也要让客户保持与去年持平的销售额度；300万元就是一个激励线，我们可以通过为客户提供更多更新款式的产品，或者持续提升产品品质，按照客户往年的惯性和成长规律，只要我们保持努力，基本就可以达成激励线；而400万元就是一个挑战线，业务员必须非常努力地推销产品，把控订单细节，甚至需要绞尽脑汁地把客户的其他产品线从竞争对手手里争取过来，才有可能达成挑战线的目标。目标一旦达成，不但可以为公司创造更大的利润，业务员也可以从中获得更多的提成奖励。

第二，产品维度。

在从产品维度来拆解预算目标时，我们主要是评估下一年需要在哪些产品上发力，比如准备开发哪些新品、产量分别是多少，以及是否需要在某些产品的设计端、品质端等进行改进。每个月财务人员会将每款产品的销售情况进行汇总和排名，通过前一年产品的销量数据和客户覆盖度展示，我们就能知道哪些产品的表现是一如既往地好，属于长销又畅销的产品；哪些产品属于突然跑出来的"黑马"，未来比较有潜力；哪些产品是没有达到预期目标的，可能还需要持续改进，甚至淘汰。

通过这些分析，我们就能清楚地判断出哪些产品会成为下一年的主推产品。比如我们的一款彩绘玻璃贴膜产品，其间花了一年多的时间才设计完成，之后我们推出了 50 款新品放在亚马逊上去测试，仅仅一年时间，销售额就达到了 100 万美元。这就属于一款具有潜力的新品，在做预算时，我们也会将该产品作为新一年的主推品来进行推广，拓展销售渠道，不仅要在美国亚马逊上销售，还要拓展到欧洲亚马逊、国内天猫商城、独立站等渠道进行销售。同时，我们还要在设计上继续创新，推出更多的款式，或者在旧的款式上面进行二次创新等，确保其在新一年的销量可以超越基础线，达到激励线，追赶挑战线。

第三，组织维度。

预算目标要成功落地，除了客户和产品外，还需要有健全的组织体系作为保障。针对销售目标的不同层级，企业需要规划不同的实现路径，并给予不同程度的财务测算和资源匹配。

比如，我们有一款彩绘玻璃贴膜产品，算是我们前两年的一款小爆品。在新的一年，我们希望这款产品能有一个更大的销售增量，那么这个增量的实现路径是什么呢？是拓展海外销售渠道，还是新增自营店铺，或是去开发新的跨境客户？每种实现路径的投入测算分别是多少？需要安排多少人员来完成这项目标？……这时就要从组织层面上去调整人力资源、财力资源，组织团队积极去落实这些任务。

同时，组织层面的预算落地还包括各项成本控制，包括落实客户预算和产品预算时所产生的各项成本、费用等。比如，我们在做产品预算时，对亚马逊平台的销量提出了3倍增长的目标，要实现这个目标就必须投入大量的资源，这时就需要做好成本测算，包括对运杂费用、库存费用的测算、管理与控制等。

在拆解预算目标的过程中，客户、产品、组织这三个维度通常需要同步进行，三者相辅相成，效果才更明显。

举个例子，我们有一个澳大利亚做商超的客户，花了两年多的时间才搞定。第一年做预算时，我们刚刚跟他接触，感觉拿下他的难度很高，因为海外做商超类的客户对工厂要求、产品品质检测要求等都非常高，而且该客户的产品线非常多，几乎没有一家工厂能为他提供全线产品。相比之下，我们的产品不管是设计、品质，还是生产线上，似乎都难以完全达到客户要求。有了这样的预判和假设之后，虽然我们在当年的5月份就与他建立了联系，后期也一直保持跟进状态，但仍然没有信心拿下，所以也没有为他做预算，直接将他划入了挑战线范围。

没有信心、没做预算，不代表我们就不想攻克他，毕竟我们还是很想完成挑战线目标的。在了解到客户对产品的各种要求之后，我们首先着重解决产品的品质问题，派专人在品控上全力以赴，确保可以达到客户要求。其次，由于该客户对验厂品质要求也极高，我们又在QC（Quality Control，质量控制）上全力部署，花大价钱聘请专业的验厂辅导机构帮助我们持续改进，最终也达到了客户所要求的验厂审核标准。

以上这些资源投入，都是基于我们对该客户可能出现的不可控因素的判断。如果这些问题没有提前解决，我们可能就无法拿下这个客户，挑战线目标也完成不了。所以对这个客户的攻克，也成为我们当年打的时间最长的一场战役，最终我们也成功拿下了这个大客户。

按照客户、产品、组织三个维度拆解完预算目标后，我们通常会形成一份预算报表，但这还不算完成，接下来还要验证报表中各项数据的合理性，按照"三上三下"的逻辑，对预算目标进行反复质询。具体方法是：财务主管和业务经理将预算报表提交给总经理，由总经理结合前一年的数据报表，对预算报表中的各种数据提出质询，如针对新一年的预算目标，实现的路径有哪些？可能存在哪些风险点？如何规避这些风险？公司需要投入多少资金和资源？……如果财务主管和业务经理没有给出合理的数据测算或问题解决方案，他们就要回去重新调整数据或方案、重新验证，再次向总经理汇报……一般经过这样上上下下三次质询，反复评审，直至总经理、业务部、财务部三方达成共识。

同时，部门内部的主管和员工之间，也要根据部门目标运用"三上三下"的原则进行质询，目的是确保员工的个人目标可以与部门目标、公司目标达成一致。

质询完成后，最后再将所有统一的信息汇总，达到预算目标理性层面的上下同频，使公司的目标与员工的目标能够实现同频共振。至此，预算目标才算是完全拆解完成，下一年的预算数据也才算是切切实实地打磨出来。完成这些工作大约需要 2~3 个月，一般从每年的 10 月份开始，至 12 月底结束。

如果想让预算目标更加有效地落实到公司每一个部门、每一个人身上，我们还可以在新一年的年初召开一次预算宣贯大会，目的是在公司上统一思想、凝聚共识，让公司中的每个人都清楚地知道自己接下来该干什么、干成什么样，以及将会获得什么样的回报。当预算指标明确落实到每个人头上，每个人都有了自己的量化指标时，企业才真正实现了"千斤重担万人挑，人人头上有指标"，所有人也会形成一张网。这张网会按照时间节点，从年、月、日、时，将每人每天必须完成的量化目标分解出来。只要每个人都能把实现个人目标的每一项措施具体化，找到达成目标的具体路径，那么最终企业的总体预算目标就更容易达成。

激励设定,既要"保证"也要"保障"

在外贸企业中,预算是根据战略目标配置经营资源的一个过程和系统,它上接战略,下接绩效,形成了一个"战略－预算－绩效"的闭环,可谓是覆盖了企业经营活动的各个方面,是企业全员的战略合奏和全面的行动指南。

不过,企业能否按照预算导航系统来平稳运营,将预算蓝图变为现实,关键还要靠人才。企业靠什么来吸引人才、激励人才?就是靠你的激励模式。如果没有设定好的激励模式,让真正的人才得到应有的回报,就算你花大钱培养出很多优秀人才,最终也都是在为竞争对手作嫁衣。

在外贸企业中,关键性岗位一般包括业务、运营、采购、设计、检验、财务等。不同的岗位工作价值点也不同,所以也应该采用不同的激励措施。但在辅导一些外贸企业时,我发现他们也曾尝试做人才激励管理,可往往都是采取一刀切的方式,比如全部岗位都运行 KPI（Key Performance Indicators，关键绩效指标），最终导致考核失去了意义，只流于表面形式。

一般来说，外贸企业的激励设定主要包括绩效目标设定、薪酬体系规划、提成比例规划，以及奖金池、分红、股权等。对于绩效目标的设定，很多外贸老板都习惯头脑一热直接决定，比如某个业务员今年完成了 100 万元的销售额，那你明年就要干到 200 万元吧！至于这个目标怎么实现，那就是业务员自己的事儿了，反正老板只看结果。完不成目标，绩效考核不合格，你的提成、奖金可能就拿不到。

这种通常都属于无效的绩效目标设定，因为缺乏具体的数据支撑，也没有与业务员进行具体的目标拆解与沟通。业务员要么拼了命地去达成目标，要么看达成无望，直接躺平。

我也曾踩过类似的坑，但在意识到以上绩效考核方式不理想后，我们及时调整方向，从 2021 年起，开始更多地聚焦于对预算目标拆解之后，以具体数据为依据的绩效目标设定。比如，我们每个月月底会对不同业务组中的业务人员当月业绩进行一次绩效总结，同时也与业务人员就下个月的绩效目标进行沟通，将下个月的预算目标拆解开来，拆分出下个月的销售收入目标以及具体的组成部分。如，跨境组的业务线主要包括 2B 客户、亚马逊店铺等，那么这些业务线具体有多少客户、都需要哪些产品、分别需要多少，所有数据总结起来，最后组成跨境组所要达成的绩效目标。

除了达成绩效目标之外，我们还会对员工的日常工作行为进行目标设定，比如员工洞察信息的准确性如何、与客户沟通的专业性如何、为客户提供的服务是否达标等。有了这些设定，员工的工作就有了衡量标准，不至于干着干着就干偏了，最终也更有利于绩效目标的达成。

关于薪酬体系和提成比例，我更推崇"高底薪＋低提成"的薪酬策略。这也是我们摸着石头过河，一步一步"蹚"出来的路径。以往我们设定的提成方式比较简单，就是按照每个人的销售额来核算提成，比如销售额是100万元，按照2%的提成比例，业务员可以拿到2万元。但这种提成方式有一个很大的弊端，就是业务员清楚地知道自己每个月能拿多少钱，为了拿到更多提成，业务员就会过度重视销售额，将资源更多地集中在那些容易达成销售目标的客户上，而忽视那些潜在价值高、但开发难度大的新客户，结果也容易导致企业损失大量利润，甚至失去重要的市场机会。

意识到这些弊端后，我们便改变了提成制度，除了底薪外，将每个业务员的单独提成改为整个业务部门的奖金包，根据公司的三条销售目标线（基础线、激励线、挑战线），每个业务部门完成的预算目标越多、达成的销售目标线越高，拿到的奖金包也越大。之后，部门内部再根据每个业务员完成的具体业绩情况，来按照一定比例分配提成。同时，对于当月表现优异的员工，我们还会在当月给予额外的行为奖金奖励，及时肯定员工的付出。这样既给员工指明了工作方向，也让他们在不断的奖励中建立起更大的信心，促使他们更容易做出成绩。

以上的薪酬策略，一方面保证了员工每个月都可以获得基本的生活保障，另一方面也可以激励优秀员工创造出更高的价值，获得更高的收入。我们常说"不患寡而患不均"，其实这句话误导了很多外贸老板，认为对员工就应该采取"雨露均沾"的分配激励模式。其实这种模式才是企业激励设定的大忌，因为优秀员工最怕和"猪队友"在一起。企业就是要做到"分配不均"，目的是"让好的更好"，让优秀的员工更突出，实现优胜劣汰。一定要避免"劣币驱逐良币"的现象出现，否则优秀员工离开了，剩下的都是"猪队友"。

企业发展到一定阶段，为了能更好地激励员工，增强现有高管或核心员工的稳定性，同时保障企业和员工共同的权益，我们也可以采取合伙、股权或分红等激励措施。不过，不论是股权激励还是分红激励，都一定要慎之又慎，至少要打磨3年以上，才可以逐渐推出来。

很多外贸老板在关于股权、分红方面都吃过亏。有的外贸老板刚开始不懂，自己想创业，又缺少资金，就找身边的朋友一起干，几个人各出一部分资金，约好挣的钱也按比例来分。但是，后期的经营可能全靠创始人自己，另外的人只是投资人身份。当企业逐渐做大，一年利润达到几百万元甚至上千万元时，创始人心里就不平衡了：你们只是投了几十万元的起始资金，现在每年却要拿走我几百万元的分红，这太不公平了！创始人不想被分走更多利益，就要先花几百万元把其余的股份买回来，大家可能还会因为这个问题闹得分崩离析。

我以前就遇到过这种情况。创业初期，大家都是兄弟，我让他们担任公司股东，免费赠送给他们公司股份。公司赚钱后，他们每年都会不定期地拿到很多分红，但创造的价值却越来越少。后来公司经营出现困难，我们才不得不正视这个问题。最后就是我们花了很多钱买回所有股份，清理所谓的股东，重新对股权进行规划和设定。

股权设定是一件很严肃的事情，外贸老板要珍惜公司的股权，不要轻易用股权来许诺或吸引合伙人。如果要找合伙人、股东，一定要判断其长期价值，不能为企业发展做出长期贡献的合伙人、股东，就要及时清理，不要犹豫。

同样，对于优秀的员工，外贸老板也要提早布局股权，让这些优秀人才成为股东或合伙人。这样既能让他们更长久地为企业服务，自己也能获得更高的回报，实现共赢。我的公司曾流失了五六位优秀员工，就是因为当时我还不具备这样的格局和胸怀，没有留住他们。现在，这些离开的老员工都已自己成功创业，成为年收入千万的中小企业老板了。

在设定股权和分红激励方面,我后来借鉴了美国宪法里的三权分立制度,在企业中也实行"三权分立"原则,就是把企业的所有权、经营权和分红权分离开来(如图 7-2 所示)。

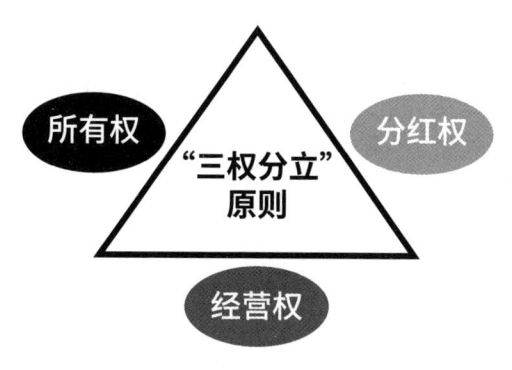

图 7-2 外贸企业"三权分立"原则示意图

其中,所有权指的是企业的产权。如果你的企业是由股东出资成立的,那么对于股东来说,这就是一种所有权置换,股东失去对出资财产的所有权,换来对企业的所有权。而股东对企业的所有权表现就是股权,包括股份、股票等。因此,所有权也是对全体股东利益的有效保障。

经营权是指对企业的经营管理具有决策权。比如,我作为总经理,对公司预算范围内的各项活动都具有决策权。但我也会下放一定的权力,比如在业务层面,如果订单利润高于 15%,那么这类订单由我们的业务经理直接签字确认即可，不需要向我汇报；但如果订单利润低于15%，不论是多小的订单，都必须报给我审批。这样做的目的，就是尽可能地降低经营风险，最大可能地保障股东权益。

分红权是股东愿意拿出自己的分红，奖励给经营团队的"额度"。我们在公司内部设置了一个总经理奖金池，是对总经理经营团队达成目标后的额外奖励。对于总经理来说，可以在公司既定提成分配制度之外有一个"灰度空间"，或者设置一个略带感性的分配机制，用部分奖金来平衡理性制度之下的不足之处。比如，中后台人员（包括财务人员、人力资源部的某些优秀员工等）在一年里工作非常努力，但鉴于公司的业绩制度和历史遗留问题，导致他们的收入很不平衡。这时，总经理就可以用奖金池来进行善后处理，拿出自己的一部分分红奖励给这些员工，用以激励和留住一些由于某些因素而无法得到奖励的人才，给予公司的核心团队以有力保障。这个做法特别适合当下的中小型外贸企业。

以我自己为例，我既是公司的董事长，又是总经理，我可以获得一定的分红权，比如我要拿利润的20%。如果今年公司获得了1000万元的利润，我就能拿到200万元的分红。这时，我可能就会考虑奖励自己下面的团队，如业务经理、财务经理、产品经理、采购经理、人资经理等，目的是激励他们更好地发挥自己的价值。但是，我不会再直接拿现金奖励他们，而是跟他们约定，这笔奖励要在接下来的两年内分发完，只要你继续在公司工作，就能拿到这笔钱。这种奖励方式类似于晋商中的"身股"，也就是出资人有条件赠予部分员工的股份或分红，员工要拿到这部分股份或分红，就要达成一定的条件，比如不能离职。所以，它既是对企业核心团队利益的保障，也是对企业利益的一种长期保障。

新中国外贸业发展到今天，已经过去将近40年。老板一定学会用"钱"留住优秀人才，舍得分钱，学会分钱，用"金手铐"锁住优秀员工。我们曾经借鉴华为的TUP（Time Unit Plan，一种基于时间的股权激励计划）模式，但发现根本行不通，因为它需要我们协同总经理、财务、人资三方面，共同在实际经营中测算，根据团队的配置、行业的利润、企业的发展阶段来打磨出分配系数和公式。所以，我们后来放弃了照搬别人的模式，开始打磨自己的激励模式，毕竟分钱会涉及总经理、员工和股东三个角色的人性问题，其中的设计非常微妙，企业必须根据自己的实际情况来进行。

总体上来说，"三权分立"相当于把老板的权力装进了笼子，用明文规定来约束老板不能"为所欲为"，要在预算范围内行使自己的权力。有些外贸老板可能身负多重角色，又是股东，又是总经理，又是业务经理，当集多重角色于一身时，在行使权力上就容易出现错乱。比如花钱很随意，明明预算只有300万元，他一下子花出去500万元，因为没有人约束他，一切都是他一个人说了算，但最终损失的却是整个企业的利益。

有一个广州的外贸老板，就跟我分享过这样一件事。他明知道 A 产品是公司的年度重点推广品，也是公司业绩的主要来源，然而在实际执行过程中，他却总是把钱花在 B 产品上。年底一算，B 产品的业绩只占了公司整体业绩的 20%，甚至还亏了钱。他就很不解：我明知道这样做不对，为什么就管不住自己花钱的惯性呢？本质上来说，他是不懂预算，更关键的在于他把三个角色混淆了——既当董事长（裁判），又当总经理（教练），还是执行者（运动员）。在实际经营中，怎么能不混乱呢？

权责利分清，既是对管理者权力和责任的一种约束，也是一种激励手段，更是一种绑定核心团队、推动企业发展的战略工具。在外贸企业当中，最好的激励模式就是让员工有压力更有动力，有高要求更有高回报；最好的绩效保障模式，就是将员工的薪酬与绩效全面融合，因为员工想要的是高薪酬，而企业想要的是高绩效。

知行合一，让预算主动闭环

王阳明的《传习录》中有一句话，叫"知者行之始，行者知之成"，大意是说，求知是行动的开始，行动是求知的完成。它强调了认知与实践的相互关系，认为二者是相辅相成的。

很多外贸老板在做预算时，感觉自己非常明白，脑子里有一大堆的客户肖像关键词，然后凭借自己以往的"经验"，很快就把预算做出来了。如果你跟他讲预算如何做更有效，他甚至觉得你是在故弄玄虚：一个预算而已，有那么复杂吗？

在企业经营过程中，老板的角色就是大脑，员工则是手脚，你要想办法用自己的力量推动员工去完成预算目标，而不是自己亲力亲为地去完成，这才是老板面临的最大挑战。在拆解预算目标的过程中，如果你发现自己脑袋里想得很清楚，但手脚就是不明白、做不好，一做就错、一执行就要多花钱，那并不是你的员工执行力不行，而是你的预算出了问题。老板预算没做好，员工的行动就像是盲人开车。只有老板脑袋里想的与员工动手做的彼此协同，才能有效推进预算目标的落地执行。这就是知行合一，也叫"算做合一"。

预算可以从感性开始，但一定要以理性收官。感性来自老板的目标或对行业的感知，但执行落地一定要基于过往数据、团队能力和市场真相的融合。我结识的很多外贸老板，大多数在预算方面都难以做到知行合一，要么是知易行难，知道要把一件事干成什么样，但只会发大愿、喊口号，就是没办法指挥让员工干好；要么就是知难行易，老板没有预算目标，干到哪步算哪步，什么事都要自己上手，把员工该干的活都干了，这就是典型的业务员思维。

在我 2019 年担任公司董事长，把公司交由我的合伙人管理时，我们公司已经成为头部电商，年销售额上亿元，员工也有上百人。但仅仅一年时间，公司就全部亏光了，所有我之前搭建的流程体系也都被毁掉了，公司几乎变成了一个只会算账的财务机构，从跟单到业务，从财务到运营，所有人一上来都是先算钱。比如在做预算时，采购部门会提出，下一年我们需要多少钱采购原材料；研发部门也提出，我们需要多少钱搞新品研发；……至于是不是真能用这么多钱，或者说这些钱到底够不够，完全不清楚。

更要命的是，公司还疯狂地投钱打广告，而选品却是选最差的品，认为产品便宜，有价格优势，就能拉升业绩，公司就能赚钱。这种倒行逆施的做法很快便反噬到我们自己身上，我们的好客户大量流失，有不少客户都是我之前一手培养起来的。有一个年销售额上亿元的跨境客户，最早一直都是由我们给他供货，后来他也不再给我们好订单了，只把一些别人不肯做的量小事多的"垃圾订单"甩给我们。

我在把公司交给合伙人之前，公司有近3000万元的现金流，一年后我回归时，账上不但没钱了，我还自己搭了500万元进去。之后我整整花了3年时间，才把公司拉回正轨。

现在回想起来，公司当时之所以几乎走到山穷水尽的地步，一个重要原因就在于管理者缺乏全面的预算意识，也没有做到知行合一。在为公司做预算时，预算的起点在哪里，管理者是模糊的。换句话说，公司在有些地方花钱了，但管理者却完全不清楚为什么要在这些地方花钱，也不知道投入与产出之间到底是什么关系，更不知道投入与产出之间的比例到底多少才合理，结果就变成了大家和公司博弈预算的问题，直接伸手向公司要钱。而且每个部门都想方设法地把预算计划做大，因为这样可以拿到更多的资源授权。管理者又缺乏具体的经营数据支撑，很难跟他们争辩，而且觉得各部门把预算做大也是为了公司好，又有什么错呢？

这个时候，管理者就成了语言上的巨人、行动上的矮子，设定预算目标时感觉越大越好，真正执行时却发现根本落实不下去。

真正的预算数据，应该来自昨天的真实和明天的期许。就像任正非先生经常说的："我们要让每一个数字都是打出来的，绝对不是做出来的。"用这种方式做预算的过程可能比较痛苦，但它却既满足了"知"的条件，让预算目标具备真实的数据依据；也确保了"行"的实施，为预算目标的落地和完成提供了有力支持。尤其是当你把这一系统打通之后，你会发现做预算越来越简单。

当然，要打通这套系统并不容易，有人曾对此进行了精辟到位的总结，称预算是"有用而又令人头痛的现代企业管理方法"。外贸老板想要真正做好预算、有效落实预算，不但要善于利用各项数据支持，还要具备强大的心力。很多外贸老板都会说："我要在两年内破亿！""我要在三年内做成头部企业！"然而当他们发现预算需要做这么多事情时，马上就泄气了。这种心态是不可能做好企业的。

创业的成功，就是企业为客户提供价值的理念得以践行、企业的目标得以实现之后，获得了市场良性的反馈和奖赏，从而获得了利润并让股东得到了回报。在这个过程中，预算就是验证企业和老板能否做到知行合一的实践过程。尤其是老板，作为企业这个组织的领袖，你首先要明白自己到底要什么：是要头顶的星空，还是要脚下的黄金？如果选择了星空，就要敢于把黄金散出去，散给那些和你一起追星的同路人。有了这样的认知，你的目标才能得以实现，你的企业也才有机会做得更大、更强。

第八章
心力与认知，淬炼穿越周期的力量

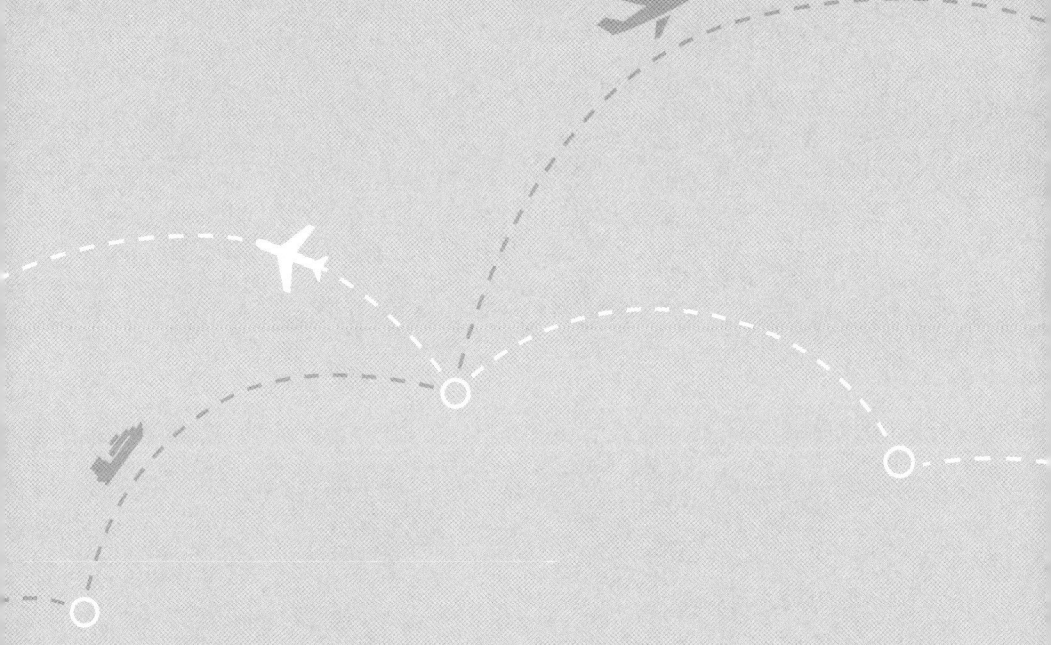

创业 20 年，我深刻领悟到，能够让一个企业家从困境中走出来的，一个是心力，一个是对未来的认知。只有确信未来是光明的，你才能有力量为未来而战。而心力，就是心的力量、精神的力量、意志的力量。一个人的心力由弱变强，也是一个对自我认知加深的过程。

有人可能会问：心力是从哪里来的呢？是天生就具备的吗？并不是。心力是需要通过不断经历、不断尝试慢慢修炼出来的。我也是经过多年的修炼，如今才具备了一定的心力。在这个过程中，我也有一些经验分享给大家，希望对外贸行业的创业者有所帮助。

从借势到成势

做企业要学会借势，外贸老板懂得借势往往比努力更重要。《孙子兵法》中就说："故善战者，求之于势，不责于人，故能择人而任势。"意思是说，善于作战的人，会创造出利于自己的态势，借助势能求胜；不对部属求全责备，因而能够择用合适的人驾驭态势。这就是善于借势的思维。

那么势能从何而来呢？我讲个故事你就理解了。

相传，春秋时期的范蠡举家来到山东陶邑，在这里做一些倒卖粮盐的小生意。陶邑地理位置优越，是商贾往来的必经之路。范蠡一直想把生意做大，就留心打探，很快便听到了一条"吴越需要好马"的消息。

当时，齐国盛产好马，价格低廉；吴越等南方国家战事不断，缺少马匹。如果能把北方的马匹卖到南方，一定可以获利丰厚。但从齐国到吴越路途遥远，路上盗匪横行，很多生意人不敢做运输马匹的生意，担心人财两空。

范蠡没有放弃，经过一番打听后，他听说齐国有一个名为姜子盾的巨商，经常向吴越一带贩卖货物，因为有钱有势，路上没人敢阻拦他。于是，范蠡就在城门口贴了一张榜文，说自己有一支马队，刚刚组建，愿意帮人免费向吴越运货。很快，姜子盾就主动找上范蠡，表示希望范蠡帮忙运货，范蠡欣然应允。于是，范蠡与姜子盾一路同行，货物和马匹都安全到达吴越地区。范蠡不但得到了姜子盾的感谢，还通过在当地出售马匹赚得盆满钵满。

这就是通过借势建立自己的势能——先占有或建立规则，再来利用、适应、支配规则，最终顺势而为。通过这种方式，企业不但能提升自己的势能，还可以从中获得丰厚的利润。我在前文提到的，在开发产品时要学会"跟、测、怼"，也是在建立自己的产品势能，并且这种势能不会随着外界环境的改变而消失，相反，它还会成为你在复杂多变的环境中崛起的踏脚板。

同样，外贸老板也需要打造自己的势能，能够在面对客户、供应商和同行时保持自己的气场，有底气、有信心去谈判沟通。通常，经过长年累月的行业沉淀，经验与专业知识不断积累，在处理过多种局面之后，这种势能会逐渐建立起来。

凡事靠自己

《孟子》中有一句话，叫"行有不得，反求诸己"。一旦开始创业，你就必须明确一点：凡事只能靠自己。当企业遇到困难时，团队中任何一个人都可以说："老板对不起，我做不了，我认输。"但是作为老板，你不能这样说，更不能这样做，因为你一旦这样做，就意味着整个企业都被放弃了。

创始人是企业的最后一道防线，不论遇到何种情况，都必须扛住，再艰难也不能放弃。哪怕你的账上一分钱都没有了，也要做出腰缠万贯的样子。甚至越是困难的时候，越要做出信心满满的样子来为下面的人鼓劲儿。

著名史学大家许倬云先生曾说："救自己就是救世界。"救自己，就是凡事都要靠自己，不要指望投资人、朋友或员工能够救你。一旦走上创业这条路，你就应该立足于自己来设计一切和解决一切，做好面对未来最坏的打算，随时准备自救。

简单不跟随

很多人问我：当初为什么会选择外贸行业？

我的回答是：因为做外贸简单直接，只要你的产品好、价格合适、服务到位，就可以成交，基本与我们的努力程度成正比。受这种理念的影响，我在遇到问题时也学会了自问：有没有更容易的解决方法？能不能将事情简单化？

《道德经》中说："天下难事，必作于易；天下大事，必作于细。"这就是在提醒我们，做事要学会放弃对复杂的执念，积极寻找简洁易行的方法。领英创始人之一霍夫曼就说："我逐渐了解到，商业战略的一部分作用是解决最简单、最容易且最有价值的问题。"这也迎合了我们温州人经常说的一句话："赚钱不吃力，吃力不赚钱。"

不跟随，就是不墨守成规、不满足现状、不走寻常路，喜欢改变事物和探索新的东西。一直以来，我都是一个特别"爱折腾"

的人：我跑过三次马拉松，其中包括一次国外大满贯赛事之一的芝加哥马拉松；曾经连续在中国云南山区徒步 15 天，后来每年还会组织公司员工徒步；为体验做个人 IP，4 年里拍摄了 2000 多条视频；2024 年在武当山辟谷断食 21 天……

做外贸也一样，我很少会人云亦云：别人说这种产品好，我就跟风做这种产品；别人说做那个渠道好，我也跑去做那个渠道。我会有自己的方向，会用自己的方式去洞察市场，找到真正适合自己的渠道，潜心打造能够满足客户需求的产品，做到精益求精。

有人曾问我："你这么坚持自己的个性、坚持自己的价值观，那在生意中不是会少赚很多钱？"

这个问题非常现实，也非常尖锐，但我可以很坦然地回答："是的，有得必有失。要坚守一些原则性的东西，肯定也会失去一些东西。"不过，我很喜欢冯仑的话："坚守价值观，你就一定要忍受你有时候少赚钱，会比别人晚赚钱。这不容易，但是最后的结果非常好。"一个人也好，一个企业也罢，只有具备了正确的价值观，才不会迷失方向。我知道自己接下来该做什么、不该做什么，所以也能够做好是非判断，学会拒绝一些诱惑。

怎么虐，怎么来

我特别喜欢徒步，曾经一天走过40多公里。很多朋友觉得不可思议，就问我干吗走那么多路。

很简单，我认为人不能在自己的舒适区里待太久，一定要走出来看一看，挑战自己的极限，让自己吃点苦。真正的企业家，就应该在不断面对绝境的时候，修炼自己的心力，并找到绝处逢生的反击力。我一直说，没有见过世界，哪里来的世界观？见天地、见世界，本身就是在见自己、修炼自己。

做外贸也一样。在这个圈子里，大部分的老板都具备自己的情怀主义和浪漫主义，对员工好、对客户好、对供应商好，具有肉眼可见的善良本色。但我认为，必要的时候，我们还是要做做"坏人"。

外贸虽然是一个相对简单的行业，可往往越是简单的事情，做起来越难。如果你想把简单的事情做好，就必须要持续地精进、迭代、改善，这个过程需要的不光是你的善良和宽容，更应该是严格的要求，甚至是一种近似于"虐"的要求，用我的话来说，就是"怎么虐，怎么来"。常言道："慈不掌兵，义不养财。"我们这些老板更要清楚地知道，在商业世界里，光善良是没用的，我们要跳出"正其义，不谋其利"的藩篱，既要"正其义"，也要"谋其利"，义利相兼，才能帮助团队成员快速成长，激发他们的潜力，共同带领企业向前发展。

当然，在这个过程中，我们可能会遭遇失败，但并非所有的失败都是坏的，只要不是致命的错误，就有机会改正。日本丰田公司的成功就是从减少浪费开始，从不完善着手改善。有句话说得好：凡是杀不死我们的，都将让我们更强大。这是一种好的失败，也是我们改善和变好的机会。

善于学习与自我教育

德鲁克说过,当前社会不是一场技术的革命,也不是一场软件、速度的革命,而是一场观念的革命。

在这样的社会环境中,企业和企业家的作用愈发重要,企业的强大也来自企业家内心的强大与思想的强大。这就要求企业家必须具备自我成长与自我教育的能力,通过不断学习修炼内心的力量,带领企业走得更远。

从2013年至今,有一位老师一直都是我创业道路上的明灯,他就是知名利润管理专家史永翔老师。10多年来,我在公司始终践行他提出的九个字:数先立,事在前,人于后。这九个字就像指南针一样,让我在企业经营管理过程中不会迷失方向,帮助我这个感性的创业者逐步建立理性思维,不困于人、不困于情,战胜自己的人性弱点。这九个字已经像基因一样刻入我们的企业、我们的团队当中。在他身上,我也学到了做企业就是跟人性弱点做斗争的道理。想做"好人",就不要做企业,这也让我从一个好人变成了一个好老板。

10年后的今天,我在"数先立,事在前,人于后"这九个字的后面又加了九个字:"德是纲,财为善,心之力。"德,就是创始人的价值观和企业的使命。作为老板,我们一定要时常省察自己、反思自己,要有品德、讲原则,树立诚信的形象,大家才愿意跟着你一起干。因为企业的一切问题,归根结底都是老板的问题,老板先解决自己的问题,不让自己成为企业发展的障碍,企业才能发展得越来越好。财,就是要把企业赚到的钱分好,该奖励员工时一定要舍得奖励,这样你的财才会成为一种善良的力量,给身边的人带来好的影响。心之力,就是老板要把自己的价值观、企业的使命与自己的言行融合在一起,做到知行合一,甚至要行胜于言,不要纸上谈兵,做一个实干型的企业家。

与此同时,企业家还要善于做好自我教育,经常反思自己的言行,对错误有则改之,无则加勉。尤其是赚过第一桶金,就像盖过高楼,楼塌了的时候,更是自我教育的最好时机。

不仅如此,我们还要通过实践的力量,将企业的理念通过产品和服务传达给员工、供应商、股东、友商以及消费者。我的老师周月亮教授曾鼓励我们这些创业老板:"最好的企业家要有教育自己的自觉,用教育自己的经验去教育员工,然后员工再去教育他的家庭。企业也是在做教育,不但是在经营企业,也是在完善教育的使命。尤其在寒冬的时候，企业家不仅仅在经营企业，还会给人温暖、挽救人心，这也是一种教育。"

如果说教育是一座灯塔，那么企业家做好企业、教育好自己，就是在点燃自己，照亮自己，同时也照亮万物，这也是传播价值的一种实践方式。做一名成功的企业家，本身就是在做一名实践的思想家。

企业每天都面临着千变万化的市场挑战，只有持续学习、不断修炼，提升自己的心力，才能在竞争激烈的市场中"运筹帷幄之中，决胜千里之外"。《纳瓦尔宝典》中说：要找到重要的事情，关键是要区分什么是由内而外的渴望，什么是由外而内的压力。企业家真正要做的，就是在渴望和压力之间找到那条平衡线，靠着自身的努力做好企业、成全自己。

AFTERWORD

后记

让外贸企业拿回生意主导权

当这本书快成稿的时候,我突然意识到:中国的文化、教育本身是教化型的。为什么很多西方的管理和经营理念,在中国本土的中小企业主身上很难践行?因为这些理念缺乏中国的内核。在中国人的逻辑里,"以德化众,以道理众"已成为刻入基因的理念,所以我们很难用纯西方的理念来做好中国人的事情。

做老板,往往是痛并快乐的。创业本身是一种自己成就自己的生活方式,但很多老板赚到了钱,却丢失了自己,活成了别人眼中的好老板,唯独没有找到真正的自己。对创业者而言,缺乏使命感、价值观,是做好外贸的最大挑战之一。到了知天命的年龄,我仿佛找到了自己的使命所在:有生之年完成一个创业全程"马拉松"——从2004年2月16日开始,经过42年又195天,计划将在 2046 年 8 月 30 日正式退休。2025 年，在写这本书的同时，我又给自己定了一个新的目标：帮助 100 家中小型外贸企业拿回生意主导权，实现营收破亿、持续赚钱的目标。

最后，感谢我的母亲，从小教育我成为一个自强、自律、自立的人，让我懂得了"要想别人对你好，先要对别人好"的利他思想，也铸就了我一生的处世理念。很荣幸今生做您的儿子，人生下半场，我继续努力成为您的骄傲，让我把对父亲的遗憾弥补给您。

感谢我的家人赋予我的一切信任和无条件支持，让我这样的工作狂可以忘情地投入创业之中。因为工作，我很少陪伴孩子们，算不上一个合格的父亲，但我一直在努力成为别人家孩子眼中的好爸爸。谢谢你们的理解！

感谢东莞大哥王家福，对我一路提携，与我并肩作战。在商业世界里，有这样超越利益关系的良师益友，实在是今生有幸。

感谢史永翔老师，成为我创业途中的启蒙导师，开启我的企业家之路，帮助我建立了理性的经营理念。

感谢公司合伙人连丽广、陈文洁，你们是我的伯乐，一直鼓励我飞得更高。知遇之恩，铭记于心。

感谢上海的阿澜妹妹，像大地一样包容我、信任我，鼓励我在创业这条路上折腾到底，成为一名真正的企业家。

感谢公司的同事孙磊慧、项晶晶、田永康，与我一同临危受命，回到经营一线，在2021年9月面对近乎倒闭的公司时，共同经历起死回生的拯救之旅。

感谢我的出版人张艳霞老师及梁媛编辑，是你们让我对图书和出版有了更深刻的理解，对文字的力量有了更深入的感触。

感谢我自己，在五十知天命的时候，没有被这个世界物化，更没有异化自己，还能鼓起勇气，勇敢地写出这一本书。